公司治理与国企改革研究丛书

主编 高明华

上市公司终极产权与利益侵占

Ultimate Ownership and Expropriation
in China's Listed Companies

蔡卫星 著

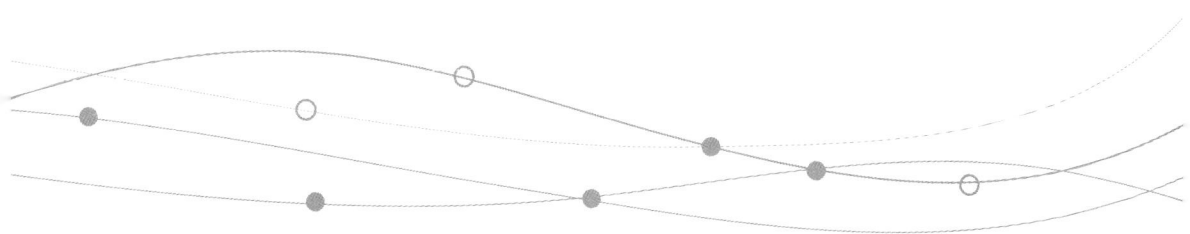

中国出版集团 东方出版中心

作者简介

蔡卫星,副教授,1981 年生,湖南常德人,北京师范大学经济学博士,清华大学经济学博士后,英国布里斯托大学(School of Economics,Finance and Management,University of Bristol)和曼彻斯特大学(Manchester Business School,University of Manchester)访问学者。2009～2011 年就职于中国农业银行总行,2011 年 7 月进入北京科技大学东凌经济管理学院。主要研究领域为公司治理与公司金融,主要研究成果发表在 SSCI 和 CSSCI 等中外学术期刊上。近年来,主持国家自然科学基金、北京市社会科学基金等多项课题,参与国家社科基金重大项目等课题多项。此外,还担任《Accounting and Business Research》(SSCI)、《European Journal of Finance》(SSCI)、《Applied Economics》(SSCI)、《金融研究》、《南开管理评论》、《财经研究》、《南方经济》、《中国金融评论》等中外期刊的匿名审稿人。

总　序

两年多前,我在自己的办公室接待了中国出版集团东方出版中心副总编辑祝新刚先生以及财经编辑部主任鲁培康先生。他们从上海赶来北京向我约稿,并向我介绍了中国出版集团努力发挥国家队的使命担当,围绕中心、服务大局,建设财经产品线的战略规划。近年来,由于国企改革渐成热点,公司治理广受关注,所以他们希望我发挥自己的学术专长和资源优势,为他们组织和主编一套丛书。我听了他们的想法和思路很受触动,所以一拍即合,当即就接受了他们的约稿。

20世纪90年代初,我开始致力于企业理论与公司治理问题的研究。多年来有关公司治理理论和实践的探索和研究,使我深刻体会到中国公司治理行政化的积弊根深蒂固。2014年,在国务院国资委职业经理人研究中心举办的"经理人大讲堂"上,我做了题为"公司治理与国企发展混合所有制"的演讲,演讲结束后,国务院国资委一位官员说,中国企业家需要进行公司治理ABC的普及工作。他说的没有错,也曾有多次,我给企业家做报告,企业家反馈的信息是:公司治理原来是这个样子,我们原来的理解很多都错了。可见,公司治理在中国确有普及之必要,更有研究之急需。

公司治理的本质属性是契约,它要求企业必须尊重每个利益主体的法律地位和独立人格,要在充分尊重每个利益主体意见的基础上提出企业发展的战略决策,同时要使企业的每个行为主体都能够为自己的行为独立承担责任,这是契约之应有之义。然而,现实中很多中国企业,拥有话语权的只是少数特权者,而且还不用为自己的行为承担独立责任。权力和责任的不对称是中国企业公司治理的通病,也是中国畸形政商关系形成的土壤。

有鉴于此，自 2007 年开始，我做了三件事情，试图为促进中国公司治理的规范化发展尽自己的绵薄之力：一是从高管薪酬、信息披露、财务治理、董事会治理、企业家能力、中小投资者权益保护等六个方面，研制中国公司治理分类指数。目前已出版六类 14 部指数报告，从而全方位、多角度地阐述了中国公司治理的现状，以图找出中国公司治理的病症所在；二是主编"治理译丛"。这套译丛出版了四本（原计划五本），均是国外著名出版社的最新公司治理著作，所选书目以学术著作为主，兼及实务性著作。我们力求通过这套译丛的出版，为中国企业的公司治理规范化提供资料和借鉴；三是出版《公司治理学》，试图能够为大学开设公司治理课程提供支持。目前，开设公司治理课程的大学越来越多，这表明，中国公司治理规范化的教材得到了越来越多高校认同。

我现在所做的是第四件事，也是以上工作的延续和深化，这就是策划和出版这套"公司治理与国企改革研究丛书"。这是我多年来的一个夙愿，希望通过出版这套丛书，把中国学者（尤其是青年学者）最前沿的公司治理和国企改革研究成果奉献给社会，一方面扶持公司治理研究中的青年才俊；另一方面则是把脉中国国企改革中的公司治理"病症"，以利于探索和建立有中国特色的公司治理模式，因为这些研究成果均是以中国公司治理，特别是以国有企业的公司治理为研究对象的。

中国公司治理的不规范，尤其是政府介入公司治理的错位，导致中国滋生畸形的政商关系，而这种畸形的政商关系又是官商勾结和腐败的温床。改革开放以来，这种官商勾结已经达到触目惊心的程度。为什么存在如此严重的官商勾结？一个明显的且公认的原因是政府权力过大，且不受法律约束，造成公权可以随意介入和侵害私权，导致创租和寻租盛行，进而导致腐败。显然，杜绝官商勾结和腐败，必须从依法治企、压缩公权入手，而依法治企的实质是强化公司治理。

2013 年 11 月，党的十八届三中全会通过的《中共中央关于全面深化改革若干重大问题的决定》明确提出，要"健全协调运转、有效制衡的公司法人治理结构。建立职业经理人制度，更好发挥企业家作用……建立长效激励约束机制",由此开启了中国企业尤其是国有企业公司治理制度改革和机制创新的新局面。2014年10月,党的十八届四中全会通过的《中共中央关于全面推进依法治国若干重大问题的决定》提出"依法治国"的执政治国方针,从企业层面讲,这意味着企业改革和发展必须着眼于"依法治企",而"依法治企"的本质就是公司治理的制度化(尤其是法治化)和规范化。2015年9月,中共中央、国务院发布《关于国有企业深化改革的指导意见》以及国务院《关于国有企业发展混合所有制的意见》,进一步强调,要"依法治企,健全公司法人治理结构。切实保护混合所有制企业各类出资人的产权权益"。无疑,国家已经把公司治理的规范化提到了国企改革的战略层面上。

本丛书即将付梓之时,正值党的十八届五中全会闭幕。五中全会报告再次强调:"发展是党执政兴国的第一要务",而且必须"运用法治思维和法治方式推动发展"。可以说,党的十八大及十八届三中、四中、五中全会,为我国国企改革的不断推进和公司治理的深入发展奠定了理论基础。就此机会,着眼当前的国企改革与公司治理现状,我谈几个具体问题。

一、政府直接介入导致公司治理行政化

公司治理是通过建立一套制度安排(尤其是法律制度安排)或制衡机制,以契约方式来解决若干在公司中有重大利益关系的主体之间的关系,其实质是各利益相关者之间的权利安排和利益分配问题。换言之,公司治理是制度范畴,尤其是法律范畴,从这个角度,政府公权力(行政权力)是不能介入公司治理的。但是,政府作为制度尤其是法律的制定者,又是可以介入公司治理的。此时,政府是作为财产保护者而存在的,即政府要为企业发展提供规范、秩序和公平,其相应的收益是税收。对于国有企业,政府还作为国有财产所有者的代表而介入公司治理。此时,政府是作为投资者(国有股东)而存在,它要通过监督(法律监督和经济监督)获取最大化投资收益。但是,不管政府是作为法律的制定者,还是作为国有企业财产的所有者(代表),政府的行为都限定在公司治理制度的框架内,而不是以自己掌握的行政权力介入。

然而,政府介入公司治理的方式却经常错位。现实中经常发生这样的情况,一方面,如果政府是股东,尤其是大股东的情况下(国有控股企业),则政府不仅派出代理人,而且必须让自己的代理人担任董事长,还可以越过董事会直接派人担任公司的总经理、副总经理、总经济师等高管人员。无疑,这是政府行政权力介入公司治理。当然,对于派出的高管人员,可能通过了董事会,但其实通过董事会仅仅是走形式,实质上董事会是被架空的。在很多情况下,尤其是在中央企业和地方重点国有企业中,政府派出的高管人员很多都具有行政级别,最高行政级别可达副部甚至正部级别。在政府公开招聘的国有企业高管中,即使没有赋予其行政级别,他们的行政色彩也是客观存在的。从国务院国资委多次全球公开招聘副总经理等高管情况看,由于招聘企业中并非只有国有独资企业,还有股份有限公司和有限责任公司,这类企业的高管聘用,按照公司法,无疑只能由董事会负责独立选聘,国家作为非单一股东,是无权单独招聘的。在政府直接任命或聘用的情况下,高管出现问题的概率不仅高,而且将无人对此负责。像中石化的陈同海、中石油的蒋洁敏、中国一汽的徐建一、东风汽车公司的朱福寿等,由于聘任他们的主体实际上是国资委或上级组织部门,而不仅仅是走形式的董事会,因此董事会是不可能对此负责的,而任命他们的国资委或上级组织部门由于是一个个集体组织,也无人对此负责,集体负责等于无人负责。

另一方面,如果政府不是股东,则政府通过设租,让公司治理服从于自己的意志,而企业(主要是民营企业)也乐于(或者无奈)通过寻租,寻求政府的支持,这使企业发展会因政府政策或领导人的变化而起伏,甚至走向不归路,同时也加大了投资者的投资风险。在民营企业中,寻求具有政府背景的人员担任公司高管具有相当的普遍性,这反映了中国企业与政府难以割舍的关系,聘请人大代表、政协委员,或聘请离退休的前任政府官员进入企业,是很多民营企业的追求。例如,在2013年度上市公司中,有31.84%的企业曾有政府官员到访(企业对此视为荣耀而大力宣传),有

12.08％的 CEO 曾在政府部门任职，有 9.77％的 CEO 为各级人大代表，有 6.93％的 CEO 为各级政协委员。如果统计的对象是董事长，则曾在政府任职、担任人大代表和政协委员的比例将会更高。另外，同一企业还经常有多位政府背景的高管。如"七匹狼"，其高管中有政府背景的比例高达 40％。

二、公司治理行政化导致畸形政商关系

公司治理行政化，是对法律的背离。公司治理的核心问题是股东大会、董事会和经理班子(执行层)的关系。三者是什么关系？对此各国公司法都有明确的规定，且所有国家的公司法在这方面几乎没有什么差别。公司法的规定是：股东大会选举产生董事会，董事会选聘总经理(CEO)。很显然，股东(大会)、董事会和经理班子相互之间不是一个纵向的等级关系(只有在经理班子领导的生产和经营系统，才是一个纵向的行政管理系统)，而是一组授权关系。每一方的权力和责任都受到法规的保护和约束，也就是说各方都有相对独立的权力运用空间和对应的责任，任何一方都不能越过边界、违反程序、滥用权力。如果股东大会和董事会被"架空"或"虚置"，则会出现股东对董事会，以及董事会对总经理监督上的"真空"。

仅就董事会和总经理的关系来说，他们代表的是不同的主体。董事会(包括董事长)作为股东的代理人，代表的是股东利益(现在已演变为以股东为核心的众多利益相关者的代表，独立董事作为"中立者"，就是代表这些不同的利益相关者的利益的)；而总经理作为从市场上选聘来的职业经理人，代表的是个人利益，他通过与董事会的契约关系获得授权。董事会是会议体制，董事会成员代表不同的利益主体，在董事会中，每个成员是平等的，没有身份高低之分，他们通过契约联系在一起，董事会的决策通过讨价还价而形成，包括董事长在内的任何人都没有凌驾于其他人之上的权力，所不同的只是投票权多少的不同(其实在美英习惯法系发达国家里，由于公司董事会的构成发生了很大变化，绝大部分都是独立董事，这种投票权的差异正在大大缩小),而董事长则不过是董事会的召集人,并没有高于他人的权力。基于董事会和总经理的这种差异,为了保证公司决策的科学性和高效性,并形成相互制衡的机制,董事长与总经理两个职务应该是分开的。

当然,在公司实际运作中,董事长和总经理是否分开可视具体情况而定,一般情况下取决于公司的规模,以及资本市场(尤其是控制权市场)和职业经理人的发育程度。当公司规模较小时,两职合一可以提高决策效率。当资本市场和职业经理人发育成熟时,来自这两个市场的强大的约束力量足以让同时担任董事长职务的总经理实现自我约束。但是,即使两职是合一的,在行使职权时也必须明确当时所处的角色,这样可以保证董事会和经理层两个权力主体的协调和相互制衡。当公司规模较大时,董事长和总经理则必须分开,因为此时二者代表的是更大的群体,二者合一会加大彼此的冲突。当资本市场和职业经理人发育不成熟时,由于来自这两个市场对经理人的约束力量偏弱,同时担任董事长的总经理的权力就会被放大,或者说,总经理侵害股东等利益相关者利益的可能性就会加大。因此,此时两个职务也必须分开。总之,无论董事长与总经理的职位是否分开,董事长与总经理的职权都要分开,应各负其责。董事长和总经理不相互兼任的原则,体现着公司的权责明确以及公司决策的科学性和效率性。

那么,公司治理是如何演化为行政治理的?这与对公司治理的错误认识有关,恐怕还存在着故意认知错误。行政治理实际上是沿用政府权力机构的"一把手"观念来治理公司,"一把手"被视作公司治理的核心,而董事长经常被作为"一把手"的不二人选,总经理则是董事长属下的"二把手",甚至干脆由董事长直接兼任总经理,即使不兼任,总经理的目标也是"升任"董事长。这种"一把手"观念使得规范的公司治理变得扭曲,甚至成为董事长和总经理之间矛盾的根源。本来,独立董事是可以在一定程度上化解这种矛盾的,然而,由于独立董事缺乏资本市场的支撑,在客观上和主观上都难以做到独立。加之独立董事人数太少,公司设立独立董事只满足于证监会的 1/3 的要求(2014 年,全部上市公司独立董事比例平均只有36.79%),这更进一步加剧了独立董事的非独立性。加之,在国有企业(包括国有控股企业)中,董事长这个"一把手"又是政府任命的,因此,公司治理的行政化也就在所难免了。即使是在民营企业中,董事长"一人独大"也同样充斥着行政色彩,尽管这种行政色彩和政府的行政权力介入有一定的区别,但在"权力"行使上并没有根本性区别,公司治理本应具有的契约属性基本上不复存在。

近些年接连发生的公司腐败(如窝案)以及其中的官商勾结,在很大程度上其实就是董事会(董事长)和经理层(总经理)两个角色混同,以及企业负责人任免掌握在政府手中或与政府官员有瓜葛的必然结果,是畸形政商关系的具体表现。在这种畸形的关系中,本来的监督和授权关系变成了利益共同体关系。从这些腐败案中,我们不难发现,或者总经理和董事长合二为一,权力过大;或者在董事会中,经理层占据多数席位,而董事长也自认为是职业经理人。在这种情况下,董事长显然就不再是股东的代理人,而是演变为典型的追求自身利益的经理人。对政府,他们寻求租金;对投资者,他们制造信息不对称,侵害股东利益。尽管国企高管被政府作为"干部"来管理和监督,但由于信息不对称,内部人控制和企业资产流失仍普遍存在。

三、消除公司治理行政化,
强化公司治理规范化

如何减少畸形的政商关系导致的官商勾结和高管腐败?高管腐败曝光后,人们往往归因于高管的贪婪和无耻。无疑,高管的贪婪是官商勾结和腐败的推动力。但事实上,个体的贪婪不是官商勾结和腐败的根本原因,真正引起官商勾结和腐败的原因是公司治理制度的缺陷,更进一步说,就是公司治理的官僚化或行政化。个体的贪婪只是经济人的本性,在面对丰厚利益时,贪婪永远是理性经济人的最优选择。真正使这些经济人偏离正轨、铤而走险的,是人们对预期非法利益与惩戒风险的权衡,而这种权衡最终取决于公司治理制度的完善与否。因此,要从根本上杜绝官商勾结和

腐败，最关键的是要完善公司治理制度，首先需要分清何者是治理主体，何者是治理客体。股东大会和董事会毫无疑问是治理主体，经理层则是治理客体，二者绝不能混同。其次要提高官商勾结和腐败行为被发现的概率，加大对官商勾结和腐败的惩罚力度，而这一点又是以治理主体和治理客体的区分作为前提的。

在市场化的企业中，对企业负责人的基本监督体制是法律监督和市场监督。法律监督的核心是强化公司治理，实现依法治企；市场监督的核心是健全市场体系，促进自我约束，而市场监督也是建立在法律基础上的。

以国企发展混合所有制为例。国企负责人可以分为政府董事（外部非独立董事）、独立董事、高管董事和非董事的高管。他们的来源不同，监督机制应有所不同。由于政府董事、独立董事、高管董事都是董事会成员，因此均应接受股东的监督和市场约束；对于高管董事和非董事的高管，则必须接受董事会的监督和市场约束。从规范的公司治理角度，必须强化以下制度和机制建设：

第一，要调动所有股东监督的积极性，以形成监督合力，防止大股东侵害和政府公权力介入。对此，一是实现股东权利平等，国有股东不应享有特权，对中小股东应该实行累积投票制，以保证他们参与公司决策的权利。二是大幅度降低股东行权成本，提高中小股东参与公司治理的动力。三是出台集体诉讼和索赔方面的法律，切实保护股东利益。四是实行股东满意度调查制度（类似于民调），如果董事会支持率低于80％，则应启动董事会解体程序。五是在公司控股形态上，尽可能采用国有相对控股，最终股权形态是竞争的结果。六是股东对董事要采取不同监督体制。对于政府董事，由于政府股东是代表公众的，同时考虑到公司经营的独立性，政府董事应设置为外部非执行董事（外部非独立董事），并借鉴公务员监督方式对政府董事进行监督；对于独立董事和高管董事，要通过对这些董事的市场（经理人市场）选择，以及满意度和惩罚等机制来实施强约束。

第二，要强化董事会对经营者的监督，并健全董事自我约束机制。对此，必须把董事会和经营层的职能区分开来，这有利于避免国有股东和政府干预企业经营问题。董事会中必须有较多独立董事，应不少于50％，否则独立董事难以发挥作用。独立董事必须是高度专业化的,而高度专业化的独立董事又来自高度职业化的经理人市场。要根据公司法,实行董事会独立选聘总经理(CEO)机制,并通过董事会备忘录制度使每个董事承担选错总经理的责任。

第三,应在厘清董事会职能的前提下,高度重视企业家的独立性和能动性,并建立企业家自我约束机制。高管董事和其他高管应来自经理人市场,应明确企业的企业家不应是董事长,而是总经理。董事会(包括董事长)负责监督,但监督不是干预,要充分发挥总经理的能动性,为此必须给予其独立性,包括赋予独立权力和独立承担责任,以实现企业家的自我约束。市场化选择是高能力企业家(总经理)产生的重要机制。高能力企业家有两个要素:一是能力,二是忠诚。这样的企业家是在激烈的市场竞争中涌现出来的,靠政府的"独具慧眼"是选不出来的,也是不合法的。必须建立职业化的经理人市场,市场的惩戒机制能够对现任经理人产生强激励和强约束,从而造就和涌现更多的高能力企业家。市场选聘的总经理不再具有行政级别,成功的民营企业家也可以做国有控股的混合所有制企业的总经理。要以贡献(企业价值或股东回报)来对企业家进行考核,市场选择和淘汰是重要的考核机制。

第四,要"分层"确定负责人激励方式,以实现国企负责人的自我约束。对于政府董事(外部非独立董事),应实行"公务员基准+贡献+行政级别"的激励机制,薪酬待遇可以略高于同级公务员的薪酬待遇;对于独立董事,应采用国际通行做法,即车马费加少部分津贴,应通过经理人市场,建立独立董事声誉机制,强调薪酬机制是不利于独立董事的独立的。对于高管董事和非董事的高管,应实行市场化薪酬,但前提是由董事会独立从经理人市场选聘。在经理人市场上,高能力的企业家应有高价格,这是建立企业家自我约束机制的重要方面。

第五,严格信息公开。充分的信息披露对于防止代理人的违规行为(如内部人控制、国资和民资流失、内幕交易等),以及形成企业家的均衡价格,都具有重要意义。因此,应确保及时准确地披露公司所有重要事务的信息,包括财务状况、绩效、所有权结构和公司治理。不能只满足强制性信息披露,更要高度重视自愿性信息披露,这在中国尤为重要,根据笔者在《中国上市公司自愿性信息披露指数报告2014》中提供的数据,中国的自愿性信息披露对于投资者理性投资的需求具有很高的信息含量。

总之,要依法治企,消除公司治理行政化,实现公司治理规范化,建立企业各行为主体的外部监督与自我约束有机契合的机制,要使每个行为主体能够对自己的行为独立承担责任,这是防止官商勾结和腐败的重要制度保障。

最后,非常感谢东方出版中心的鼎力支持,感谢祝新刚先生和鲁培康先生,他们是这套丛书的积极推动者。希望在中国出版集团以及东方出版中心的支持下,使这套丛书能够延续下去,成为公司治理和国企改革研究的品牌产品。

高明华

2015 年 10 月 29 日

目　录

前　言

　　中国证券市场自建立之日起,控股股东侵占上市公司利益进而损害中小投资者的现象频频发生,成为困扰证券市场健康发展的一大顽疾。就中国资本市场而言,"一股独大"是上市公司普遍存在的现象,控股股东对上市公司有着很强的控制力。与这种控制权相伴的控制权私利诱使控股股东构造各种利益输送交易,转移上市公司利润和占用上市公司的资源,从而侵害了上市公司和广大中小股东的利益。对于中国上市公司而言,在控股股东背后往往还存在着最终控制人,最终控制人通过金字塔结构等方式使其控制权和现金流权出现分离,这种分离往往诱使了更为严重的利益侵占行为。本书正是基于中国特殊的制度背景,从理论和实证两方面来考察最终控制人的利益侵占行为。

　　其一,本书在系统搜集和梳理相关文献的基础上,从三个方面对国内外有关终极产权与利益侵占这一主题在理论和实践方面的成果进行了综述。终极产权研究的逻辑起点在于公司治理中代理问题的演变:从在所有权分散的情况下,关注股东和经理层之间的代理问题,演变到所有权集中的情况下探讨控股股东与小股东之间的代理问题。国内外的研究表明,上市公司普遍存在着控制权集中的现象,上市公司的控制人经常通过金字塔结构等方式来实现控制权和现金流权的分离,控制权的集中使得最终控制人具备了通过侵占上市公司利益来谋求私有收益的能力,而控制权和现金流权的分离使得最终控制人具备了侵占上市公司利益的动力。理论和实证表明,控制权和现金流权的分离程度越大,上市公司的绩效就越差,从而间接证明了最终控制人的利益侵占行为。

其二，本书从理论角度分析了最终控制人的利益侵占行为。作为一个新兴加转轨的经济体，中国的资本市场有着自己特殊的制度背景：证券市场发展在为国企解困目标下的功能扭曲和投资者权益保护的法律环境亟待完善。在这一背景下，最终控制人侵占上市公司的利益时可以忽视市场监督，并且在总体上也不存在较高的法律风险。接下来的理论分析表明，在其他条件给定的情况下，最终控制人的现金流权与利益侵占程度成反比，控制权与利益侵占程度成正比，控制权与现金流权的分离程度越大，利益侵占程度越高；最终控制人享有的收益权比例越高，信息披露水平越高；最终控制人掌握的控制权水平越高，信息披露水平越低；最终控制人控制权与收益权的分离程度越大，信息披露水平越低；在最终控制人性质方面，国有上市公司中的利益侵占现象更为严重，信息披露水平也越低。

接下来，本书从实证角度使用中国上市公司的样本对理论分析得出的命题进行了检验。实证部分主要包括如下几个方面：

作为实证分析的起点，本书对所使用的主要样本进行介绍，并在此基础上对中国上市公司的终极产权进行了初步分析。研究结果表明，大多数中国上市公司由各级政府持有或者由家族控制，公众持有、共同控制和交叉持股等所占比例比较低；与东亚其他国家和地区相比，中国上市公司具有更高的现金流权和控制权以及分离程度。

随后，本书从关联交易的视角，使用中国资本市场的相关数据对本书第四章得出的理论假设进行了实证检验。研究结果发现，最终控制人的所有权越大，利益侵占的水平就越低；最终控制人的控制权越大，利益侵占的水平就越高；最终控制人控制权和所有权的分离程度越大，利益侵占水平就越高；最终控制人为国有的上市公司利益侵占水平要高于非国有上市公司，但是这一区别并不显著。这一部分的研究提供了有关终极产权与利益侵占之间关系的直接经验证据。

其三，本书采用案例研究的方法，对最终控制人的利益侵占行为予以揭示，提供有关最终控制人利益侵占行为更为生动和直观的证据。国有控制上市公司的承德钒钛和作为非国有上市公司的湖北金环构成了两个完整的样本。我们发现,最终控制人在控制上市公司之后,为了获得更多的私有收益,通过在关联购销中制定不公平价格、高价向上市公司出售资产和股权、占用上市公司资金等途径实施了转移上市公司资源的利益侵占行为。最终控制人的利益侵占行为给上市公司的经营业绩、信息披露等方面均带来了不利的影响。

其四,本书从信息披露的视角为上述主题提供了进一步的经验证据。当最终控制人通过关联交易等方式来转移上市公司资源时,必然会设法掩盖其利益侵占行为,因而其信息披露质量将会受到影响。考虑到直接衡量信息披露质量的困难,我们采用独特的视角,以证券分析师关注度作为信息披露质量的代理变量,使用中国资本市场的相关数据实证检验了终极产权对信息披露质量的影响。研究发现,最终控制人的现金流权越大,证券分析师对该公司的关注度越高;最终控制人的控制权越大,证券分析师对该公司的关注度越低;最终控制人控制权和现金流权的分离程度越大,证券分析师对该公司的关注度越低。与非国有上市公司相比,证券分析师对国有上市公司的关注度更低。这一部分的分析从信息披露质量的视角对最终控制人利益侵占行为作了进一步的分析,深化了有关终极产权与利益侵占之间关系的研究。

其五,基于最优薪酬契约理论的分析框架,我们进一步纳入终极产权因素,从理论上推导了终极产权对高管薪酬-业绩敏感性的影响。在此基础上,我们利用中国上市公司2008~2011年的相关数据,对上述问题进行了实证检验。研究结果发现,最终控制人的现金流权越大,高管薪酬-业绩敏感性越强;最终控制人的控制权越大,高管薪酬-业绩敏感性越弱;最终控制人控制权和所有权的分离程度越大,高管薪酬-业绩敏感性越弱;终极产权对高管薪酬-业绩敏感性的影响主要体现在国有上市公司中。高管薪酬-业绩敏感性的强弱被视为高管薪酬契约合理性的重要标志,上述发现意味着终极产权确实会影响到高管薪酬契约。

本书的研究具有一定的理论价值和现实意义。其理论价值在于,本书在建立一个理论模型进行分析的基础上,利用中国 A 股上市公司的有关数据,从关联交易、信息披露、高管薪酬等多个角度验证了最终控制人的控制权和所有权对利益侵占水平的影响,提供了有关最终控制人的控制权、所有权与利益侵占之间关系的直接经验证据。从政策含义的层面考虑,本书的研究结论对于完善上市公司治理结构、改善上市公司信息披露乃至整个证券市场的改革等多方面都具有一定的理论价值和实践意义。

第1章 绪　　论

1.1　选题背景与研究意义

　　本书的选题主要基于如下背景：从理论背景来说，在最近十多年中，学者们对公司治理中代理问题的研究逐渐从在所有权分散的情况下，关注股东和经理层之间的代理问题演变到所有权集中的情况下探讨控股股东与小股东之间的代理问题；就现实背景而言，中国资本市场自建立之日起，控股股东侵占上市公司利益进而损害中小投资者的现象屡见不鲜。

1.1.1　理论背景：公司治理中代理问题的演变

　　公司所有权结构以及由此引发的代理问题是公司治理领域一直关注的重要主题。这一主题最早可以追溯到斯密(1776)在其经典论著《国富论》中的观点，斯密对所有权和控制权的分离而产生的"疏忽和浪费"提出了警告。这一主题引起经济学家的普遍关注要归功于伯利和米恩斯(Berle & Means, 1932)①的开创性研究。Berle 和 Means 范式中公司的所有权是高度分散的，因此公司治理中的核心问题是公司内部经理人与外部分散股东之间的代理冲突。20世纪90年代末以来的经验研究发现，在

---

① Berle, Means. *The Modern Corporation & Private Property* [M]. New York: Macmillan, 1932.

许多国家中普遍存在着控制性股东(LLSV[①],1998[②],1999[③],2002[④];Claessens,Djankov & Lang,2000[⑤];Faccio & Lang,2001[⑥])。控制性股东通过多种形式使其控制权和所有权产生分离,由此导致了控制性股东与小股东之间的代理冲突(Morck,Wolfenzon & Yueng,2004[⑦])。通过层层追溯公司的最终控制人,大量的研究表明,最终控制人而非直接股东才是利益输送行为的利益驱动者和受益者,最终控制人通过对上市公司的"隧道挖掘"(tunneling)行为来侵占中小股东的利益,从而获得控制权私利(private benefits of control)。[⑧] 因此,从最终控制人的所有权、控制权以及所有权和控制权的分离程度等角度入手,有助于更准确地把握控制性股东进行利益侵占的行为和动机。最终控制人的隧道挖掘行为阻碍了上市公司乃至整个资本市场的健康发展。约翰逊等(Johnson et al.,2000)[⑨]的研究表明控制性股东疯狂的利益侵占行为是导致1997~1999年亚洲金融危机的主要原因之一。

1.1.2 现实背景:中国上市公司"利益侵占"现象屡见不鲜

就中国资本市场而言,"一股独大"是上市公司普遍存在的现象,因此

---

① La Porta, Lopez-de-Silanes, Shleifer 和 Vishny 的缩写,下同。

② La Porta, Lopez-de-Silanes, Shleifer, Vishny. Law and Finance[J]. *The Journal of Political Economy*, 1998, 106(6).

③ La Porta, Lopez-de-Silanes, Shleifer, Vishny. Corporate Ownership Around the World[J]. *The Journal of Finance*, 1999, 54(2).

④ La Porta, Lopez-de-Silanes, Shleifer, Vishny. Investor Protection and Corporate Valuation[J]. *The Journal of Finance*, 2002, 57(3).

⑤ Stijn Claessens, Simeon Djankov, Larry H. P. Lang. The Separation of Ownership and Control in East Asian Corporations[J]. *Journal of Financial Economics*, 2000(58).

⑥ Mara Faccio, Larry H. P. Lang. The Ultimate Ownership of Western European Corporations [J]. *Journal of Financial Economics*, 2001, 65(3).

⑦ Morck Randall, Daniel Wolfenzon, Bernard Yeung. Corporate Governance, Economic Entrenchment and Growth[R]. NBER Working Paper 10692, 2004.

⑧ 对这一问题的详细分析参见文献综述部分。

⑨ Simon Johnson, Rafael La Porta, Florencio Lopez-de-Silanes, Andrei Shleifer. Tunneling[J]. *American Economic Review*, 2000, 90(2).

控股股东与中小股东之间的代理问题更加突出。上市公司的控股股东通过各种形式侵占中小股东的利益一直是我国证券市场良性发展的一大痼疾。一些上市公司的控股股东通过资金占用、关联交易等多种方式转移上市公司资源,将上市公司当作自己的"提款机",有的甚至恶意掏空上市公司,如猴王股份、大庆联谊、幸福实业和济南轻骑等。[①] 国内学者对上市公司的利益侵占行为做了大量的研究(李增泉等,2004[②];李增泉等,2005[③];邓建平等,2007[④]),但是这些研究是基于直接股东的研究,如前所述,最终控制人而非直接股东才是利益输送行为的利益驱动者和受益者。因此,从最终控制人的角度可以更深入地揭示和更准确地把握上市公司的利益侵占行为。

1.1.3 研究意义

开展对上市公司最终控制人的终极产权结构及其对利益侵占行为影响的研究具有重要的意义。

从理论意义来看,一方面有助于理清中国公司治理理论的基础性问题,如中国上市公司最终控制人终极产权的主要模式有哪些?最终控制人的所有权是否抑制其对小股东的利益侵占行为?最终控制人的所有权和控制权的分离程度是否影响利益侵占行为?对这些基础性问题的回答有助于我们对最终控制人的利益侵占行为形成一个更为全面和系统的认识;另一方面自 LLSV 的开创性论文以来,国际上对终极产权的研究正方兴未艾,与之相对应的是国内在这方面的研究还处于起步阶

[①] 有关上市公司控股股东利益侵占的案例屡见不鲜。参见孙绪才主编.利益的分配——中国上市公司利益分配案例[M].中国人民大学出版社,2006.陈信元.转型经济中的公司治理——基于中国上市公司的案例[M].清华大学出版社,2007.

[②] 李增泉,孙铮,王志伟."掏空"与所有权安排——来自我国上市公司大股东资金占用的经验证据[J].会计研究,2004(12).

[③] 李增泉,余谦,王晓坤.掏空、支持与并购重组——来自我国上市公司的经验证据[J].经济研究,2005(1).

[④] 邓建平,曾勇,何佳.改制模式、资金占用与公司绩效[J].中国工业经济,2007(1).

段,与国际研究水平相比仍然有待进一步深入和拓展,本书的内容将在一定程度上弥补国内在这些领域的空白。

从实践意义来看,研究上市公司最终控制人的终极产权结构及其对利益侵占行为的影响,有助于我们进一步了解对中小股东的侵害情况,为我国投资者权益保护制度建设提供切实可行的建议。

1.2 本书研究主题及相关概念说明

本书将通过层层追溯的方式,在考察上市公司最终控制人的类型、所有权、控制权及其分离程度的基础上,从最终控制人的视角分析终极产权与利益侵占之间的关系,以及由此而引起的投资者权益保护的重要性。

1.2.1 终极产权

在本书的分析框架中,终极产权主要是指最终控制人的所有权和控制权。在这里,最终控制人①的含义与 LLS②(1999)提出的"终极产权所有者"(ultimate owner)是一致的。我们采用层层追溯最大股东的方法确定上市公司的最终控制人。换句话说,我们对最终控制人的界定原则是"控股股东的控股股东,以此类推"。格罗斯曼和哈特(Grossman & Hart, 1986)③从不完全合同的角度指出,企业所有权④的核心是剩余控制权(residual rights of control)和剩余索取权(residual claimancy)。采用克莱森斯等(Claessens et al. , 2000)的方法,我们对所有权的定义依赖于获取

---

① 本书对最终控制人、终极控制人、控制性股东等概念不加区别,与之相对应的是直接股东。
② La Porta, Lopez-de-Silanes, Shleifer 的缩写,下同。
③ Sanford Grossman, Oliver Hart. The Costs and Benefits of Ownership: A Theory of Vertical and Lateral Integration[J]. *The Journal of Political Economy*, 1986, 94(4).
④ Grossman 和 Hart 将产权与所有权视为同一概念。事实上,经济学家对产权这一概念的使用历来比较混乱(高明华,1999)。

现金流的权利,即用现金流权(cash flow Rights)来表示所有权①;对控制权的定义依赖于投票权(voting rights)。

为了更清楚地说明这一问题,我们以一家上市公司为例,通过层层追溯的方式考察其终极产权结构。我们选择的上市公司是云南景谷林业股份有限公司。云南景谷林业股份有限公司是云南省最大的林化产品、林板产品的生产商和供应商,拥有国内一流的松节油精馏生产线,公司最大股东是中泰信用担保有限公司,拥有24.11%的股权,但是中泰信用担保有限公司又被北京泰跃房地产开发有限责任公司控股,控股比例为30%,而北京神州永丰科技发展有限责任公司又是北京泰跃房地产开发有限责任公司的最大股东,持股比例为80%,同时,北京神州永丰科技发展有限责任公司还直接持有中泰信用担保有限公司15%的股权,而北京神州永丰科技发展有限责任公司又被自然人刘军控股,持股比例为80%,刘军同时还通过北京东方永兴科技发展有限责任公司(持股82%②)持有北京泰跃房地产开发有限责任公司20%的股权。具体控股结构图见图1-1。

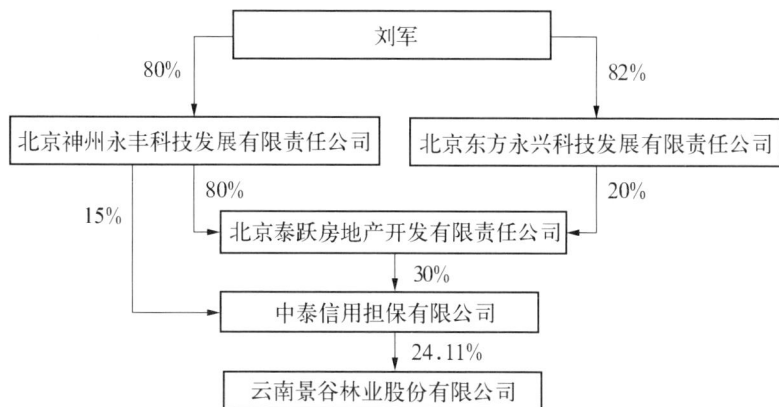

图1-1　云南景谷林业股份有限公司的控股结构图

---

① 本文中,最终控制人的所有权、现金流权、收益权的内涵是一致的,实际上,我们更赞同使用收益权或者现金流权的概念,不过在文献中所有权的使用是非常广泛的。

② 在刘军旗下控制的另一家上市公司湖北金环2007年年报中,我们发现刘军对北京东方永兴科技发展有限责任公司的持股比例为80%。

通过层层追溯最终控制人,可以发现云南景谷林业股份有限公司的最终控制人是自然人刘军。LLSV 之前的研究主要关注上市公司的直接大股东中泰信用担保有限公司,而几乎不关注上市公司的最终控制人自然人刘军。对云南景谷林业股份有限公司最终控制人所持有的现金流权和投票权的研究发现,自然人刘军通过采用典型的金字塔控股结构,只用了8.70%的现金流权[①]就控制了云南景谷林业股份有限公司 24.11% 的表决权[②]。

从以上的分析我们可以清楚地感觉到,以往的研究中对直接股东的分析并不能准确描述上市公司实际控制人的类型及其所有权和控制权结构,因而无法清晰的理解上市公司实际控制人及其所有权和控制权与利益侵占之间的真正关系。

1.2.2 利益侵占

在本书中,利益侵占(又称为隧道行为,tunneling)被用于描述企业的控制者或内部人为了个人私利将企业的资产和利润转移出去,构成对少数股东或外部人利益的侵占行为。关联交易是利益侵占最为常见的方式,上市公司最终控制人通过关联交易既能够实现对上市公司利润的转移,又可以实现优质资源的转移。

根据《企业会计准则——关联方关系及其交易的披露》,关联交易是指在关联方之间发生转移资源或义务的事项,而不论是否收取价款。财政部对《企业会计准则——关联方关系及其交易的披露》的解释中认为,关联交易的定义中有三个要点:第一,按照关联定义,构成关联方关系的企业之间、企业与个人之间的交易,即通常是在关联方关系已经存在的情况下,关联各方之间的交易。第二,资源或义务的转移是关联方交易的主要特征,通常情况下,在资源或义务转移的同时,风险和报酬也相应转移。第三,关联方之间

[①] 计算方式为:8.70%＝24.11%×15%×80%＋24.11%×30%×80%×80%＋24.11%×30%×20%×82%。

[②] 计算方式为:24.11%＝min(24.11%,30%,80%,80%)。

资源或义务的转移价格是了解关联方交易的关键。关联方交易通常来说能在一般商业条款中使参与双方受益。一般商业条款是指那些不会比与非关联方交易渴望合理受益更多或更少的商业条款。母公司与其子公司之间的交易在使用其他条款没有有利之处时，经常以这种条款进行。但在某些情况下，关联方交易是为了使交易的一方受益而进行的，例如，某一公司的董事可能影响销售给他人的一项资产的价格，使之低于市价，或是一方为另一方提供便利而参与交易。①

《企业会计准则——关联方关系及其交易的披露》列举了 11 种常见的关联交易类型：(1) 购买或销售商品；(2) 购买或销售除商品以外的其他资产；(3) 提供或接受劳务；(4) 代理；(5) 租赁；(6) 提供资金(包括以现金或实物形式的贷款或权益性资金)；(7) 担保和抵押；(8) 管理方面的合同；(9) 研究与开发项目的转移；(10) 许可协议；(11) 关键管理人员报酬。

从实质上来讲，我国《企业会计准则》中对关联方与关联交易的定义与《国际会计准则》的相关规定非常类似，其定义的科学性较强，比一般国家甚至比英、美发达国家对关联交易的规定还要详细得多。②

就规范意义而言，关联交易应该是建立在公平基础之上，本身并不意味着利益侵占。一般而言，在不存在关联方关系的情况下，企业间发生交易时，往往会从各自的利益出发，一般不会轻易接受不利于自身的交易条款。这种在对交易各方互相了解的、自由的、不受各方之间任何关系影响的基础上商定条款而形成的交易，视为公平交易。但是，在存在关联方关系时，关联方之间的交易可能不是建立在公平交易基础上，因为关联方之间交易时，不存在竞争性的、自由市场交易的条件，而且常常以一种微妙的方式影响交易。在关联交易中，关联方在确定价格时有一定程度的弹性，而在非关联方之间的交易中则没有这种弹性，非关联方之间的价格是公平价格。③ 在中国资本市场中，由于最终控制人掌握着上市公司的控制权，很容易通过操纵交易价格的形式来侵占上市公司利益，从而获取私有收益。黄本尧(2003)的研究

---

① 财政部.企业会计准则——关联方关系及其交易的披露[R].财会字[1997]21 号,1997.

② 不同会计准则对关联方及其交易界定的差异可参见段亚林(2001)。

③ 财政部.企业会计准则——关联方关系及其交易的披露[R].财会字[1997]21 号,1997.

发现,不公平关联交易广泛存在于中国上市公司的经营活动之中,其负面影响已不容忽视。①

1.3　研究方法、研究思路及本书结构

1.3.1　研究方法

(1) 规范分析和实证分析相结合

规范科学(normative science)是探讨有关"应该是什么"的系统化知识体系;实证科学(positive science)是关于"是什么"的系统化知识体系。上述二者并不是相互割裂,而是相互补充,相互促进的。因此,本书拟采用规范分析与实证分析相结合的研究方法,研究终极产权与利益侵占的理论模型时主要通过规范分析得出若干可供检验的假设,而对假设进行检验时则运用经验证据进行实证分析。

(2) 统计分析方法

本书通过实证的数据分析,考察中国上市公司终极产权结构与利益侵占行为的真实情况。在对有关数据进行描述性分析和初步分析时将采用统计分析方法来进行分析,例如相关性分析、非参数检验等。

(3) 计量回归分析

本书通过中国资本市场上市公司数据,对终极产权结构与利益侵占之间关系进行经验分析。在对有关数据进行经验分析时,将在建立计量回归模型的基础上通过多变量分析对从理论模型中得出的假设进行检验。

(4) 案例研究方法

案例研究方法是以典型案例为素材,通过具体分析、解剖来提供有关研究主题直观性的证据。本书以中国资本市场中两家上市公司为例,对最

---

① 黄本尧.上市公司关联交易监管问题研究[R].深圳证券交易所综合研究所研究报告,第0073号,2003.

终控制人的利益侵占行为进行深入剖析,进一步说明了最终控制人是如何利用对上市公司的控制权来实施利益侵占行为的。

1.3.2 研究思路

本书的研究思路如图1-2所示:

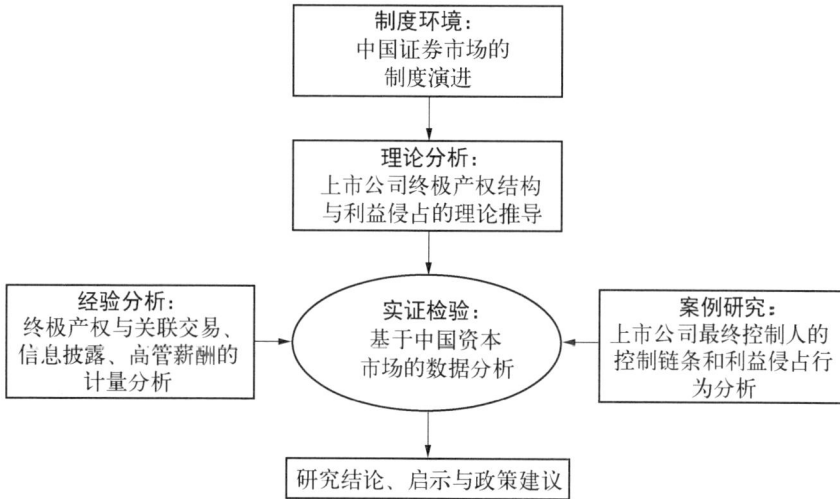

图1-2 本书的研究思路

1.3.3 本书结构

本书的结构由九章内容构成。

第1章是绪论部分。绪论部分简要阐明了如下内容:本书的研究背景、研究对象、研究意义以及研究方法。

第2章是文献综述部分。文献综述部分在系统搜集和梳理相关文献的基础上,从三个方面对国内外有关终极产权与利益侵占这一主题在理论和实践方面的成果进行了综述。终极产权研究的逻辑起点在于公司治理中代理问题的演变。国内外的研究表明,上市公司普遍存在着控制权集中的现象,上市公司的控制人经常通过金字塔结构等方式来实现控制权和现金流权的分离,控制权的集中使得最终控制人具备了通过侵占上市公司利益来谋求私有收益的能力,而控制权和现金流权的分离使得最终控制人具备了侵占上市公司利益的动力。理论和实证表明,控制权和现金流权的分离程度越大,上市公司的绩效就越差,从而间接证明了最终控制人的利益侵占行为。

第3章主要从历史逻辑的角度对中国证券市场诞生和发展进行了回顾。中国证券市场的诞生有着特殊的时代背景,与国有企业改革密不可分,可以说,中国证券市场是随着国有企业改革的深入才应运而生的。改革开放以来中国国有企业改革大致经历了放权让利、承包经营和建立现代企业制度三个阶段。伴随着改革的进行,国有企业的融资体制也发生了相应的改变,从计划经济时代的财政主导型向银行主导型过渡,但是由于预算软约束的存在,银行融资体制不堪重负。在这种背景下,国有企业股份制改革和新融资渠道的要求共同促成了中国证券市场的诞生。但是,低效率的制度结构和低水平的上市公司治理损害了中国证券市场的长远发展,中国证券市场存在着严重的功能扭曲,已经沦为了上市公司的融资工具。另一方面,中国证券市场投资者权益保护的法律环境还存在许多不完善之处,投资者权益保护还处在一个较低水平的状态。前者意味着在某种程度上最终控制人侵占上市公司的利益时可以忽视市场监督,后者意味着最终控制人侵占上市公司利益在总体上不会承担较高的法律风险。正是由于这些制度性缺陷,导致了中国证券市场利益侵占现象屡见不鲜,上市公司和中小投资者的合法权益经常得不到应有的保障。

第4章是理论分析部分。在这一部分,首先采用模型分析和逻辑推理相结合的方法,结果表明,在其他条件给定的情况下,最终控制人的现金流权与利益侵占程度成反比;控制权与利益侵占程度成正比;控制权与现金流权的分离程度越大,利益侵占程度越高。同时,不同利益侵占程度的最终控制人在信息披露水平方面也存在差异,最终控制人享有的收益权比例越高,信息披露水平越高;最终控制人掌握的控制权水平越高,信息披露水平越低;最终控制人控制权与收益权的分离程度越大,信息披露水平越低。接下来通过对中国制度环境下最终控制人行为激励的探讨,认为国有上市公司中最终控制人的利益侵占程度可能要高于非国有上市公司,相应地,国有上市公司的信息披露水平要低于非国有上市公司。上述分析构成了本书的主要理论假设。

第 5 章、第 6 章、第 7 章、第 8 章和第 9 章共同构成了本书的实证部分。

第 5 章主要是对本书所使用的主要样本进行介绍,并在此基础上对中国上市公司的终极产权进行了初步分析。研究结果表明,大多数中国上市公司都是由各级政府持有(65.77%)或者由家族控制(30.78%),公众持有、共同控制和交叉持股等所占比例比较低;与东亚其他国家和地区相比,中国上市公司具有更高的现金流权和控制权以及分离程度;最终控制人类型、公司营运时间、所属行业以及公司规模等变量影响了控制权的集中。

第 6 章选择关联交易规模作为利益侵占程度的衡量指标,使用中国资本市场的相关数据对本书第 3 章得出的理论假设进行了实证检验。研究结果发现,最终控制人的所有权越大,利益侵占的水平就越低,所有权具有"激励效应",弱化了最终控制人进行利益侵占的动机;最终控制人的控制权越大,利益侵占的水平就越高,控制权具有"壁垒效应",使得最终控制人可以更容易地通过关联交易等手段来侵占上市公司和中小股东的利益;最终控制人控制权和所有权的分离程度越大,利益侵占水平就越高,此时最终控制人侵占中小股东利益的意愿较少受到其所有权的限制;最终控制人为国有的上市公司利益侵占水平要高于非国有上市公司,但是这一区别并不显著。本章的研究提供了有关终极产权与利益侵占之间关系的直接经验证据。

第 7 章采用案例研究的方法,对最终控制人的利益侵占行为予以揭示,提供有关最终控制人利益侵占行为更为生动和直观的证据。作为国有上市公司的承德钒钛和作为非国有上市公司的湖北金环构成了两个完整的样本。我们发现,最终控制人在控制上市公司之后,为了获得更多的私有收益,通过在关联购销中制定不公平价格、高价向上市公司出售资产和股权、占用上市公司资金等途径实施了转移上市公司资源的利益侵占行为。最终控制人的利益侵占行为给上市公司的经营业绩、信息披露等方面均带来了不利的影响。

第8章从信息披露的视角来考察终极产权的经济后果。当最终控制人通过关联交易等方式来转移上市公司资源时，必然会设法掩盖其利益侵占行为，因而其信息披露质量将会受到影响。考虑到直接衡量信息披露质量的困难，我们采用独特的视角，以证券分析师关注度作为信息披露质量的代理变量，使用中国资本市场的相关数据实证检验了终极产权对信息披露质量的影响。研究发现，最终控制人的现金流权越大，证券分析师对该公司的关注度越高；最终控制人的控制权越大，证券分析师对该公司的关注度越低；最终控制人控制权和现金流权的分离程度越大，证券分析师对该公司的关注度越低。与非国有上市公司相比，证券分析师对国有上市公司的关注度更低。本章的分析从信息披露质量的视角对最终控制人利益侵占行为进行了进一步的分析，深化了有关终极产权与利益侵占之间关系的研究。

第9章从高管薪酬-业绩敏感性的视角提供终极产权经济后果的进一步证据。基于最优薪酬契约理论的分析框架，我们进一步纳入终极产权因素，从理论上推导了终极产权对高管薪酬-业绩敏感性的影响。在此基础上，我们利用中国上市公司2008年至2011年的相关数据，对上述问题进行了实证检验。研究结果发现，最终控制人的现金流权越大，高管薪酬-业绩敏感性越强；最终控制人的控制权越大，高管薪酬-业绩敏感性越弱；最终控制人控制权和所有权的分离程度越大，高管薪酬-业绩敏感性越弱；终极产权对高管薪酬-业绩敏感性的影响主要体现在国有上市公司中。高管薪酬-业绩敏感性的强弱被视为高管薪酬契约合理性的重要标志，上述发现意味着终极产权确实会影响到高管薪酬契约。本章的分析从高管薪酬契约的视角对最终控制人利益侵占行为进行了进一步的分析，为终极产权的治理效率提供进一步的证据。

第10章是全文的结论部分。本章在简要总结本书主要观点的基础上，在中国既有的制度框架之下提出几点政策建议，并结合作者的思考就未来研究方向进行简要探讨。

1.4　本书的主要创新之处

（1）终极产权与利益侵占的理论分析：基于 LLSV 模型的新扩展

LLSV 模型以投资者权益保护与公司价值分析为核心。本书将在 LLSV 模型的基础上，明确区分最终控制人的控制权和所有权，分别讨论最终控制人的控制权、所有权以及分离程度对利益侵占的影响，并在此基础上考察了信息披露水平方面的差异。

（2）终极产权与利益侵占的实证检验：基于中国资本市场的新证据

目前国内对利益侵占行为的实证分析主要是基于直接股东持股比例的分析。本书将在追溯最终控制人的基础上，使用中国资本市场 2008～2011 年的新数据，深入分析最终控制人的类型、所有权、控制权以及分离程度对关联交易行为的影响，从实证分析的角度为终极产权与利益侵占提供来自中国资本市场的新证据。

（3）终极产权与信息披露的经验研究：基于证券分析师关注度的新视角

最终控制人的利益侵占行为与信息披露质量存在着密切的联系，充分的信息披露对抑制"隧道效应"是十分必要的。证券分析师是证券市场中信息中介的重要成员，对投资者的行为起着显著的作用，本书以证券分析师关注度作为代理变量，从信息披露质量来进一步揭示终极产权结构所引起的利益侵占现象，为相关研究提供一个新视角。

第 2 章　文 献 综 述

　　这一部分将对国内外有关终极产权与利益侵占的主要文献进行回顾性综述。通过文献综述,将介绍国内外文献中对终极产权的界定方式及其分布状况、终极产权与利益侵占的理论分析进展以及相关的经验证据。国内外已有文献的理论框架和经验证据是本书初始选题与研究设计的基础。

2.1　终极产权研究的逻辑起点:
公司治理中代理问题的演变

　　公司所有权结构以及由此引发的代理问题一直是公司治理研究中的一个重要主题。对这一主题的研究大致可以分为两个阶段。① 第一阶段的主要特征是在所有权分散的情况下,关注由于经理拥有的企业经营权与外部分散股东拥有的所有权之间的分离所引发的股东和经理层之间的代理问题。第二阶段的主要特征是在所有权集中的情况下,探讨由于控制性股东所拥有的企业控制权与小股东的所有权之间的分离所导致的控股股东与小股东之间的代理问题,特别是控制性股东往往采用金字塔结构、交叉持股或者二元股权等形式,使得控制性股东自身所拥有的控制权与所有权也发生分离,进一步加剧了控股股东与小股东之间的代理问题。②

---

① 这一划分来源于 Denis 和 McConnell(2003)的启发。参见 Denis, McConnell. Corporate Ownership Around the World[J]. *Journal of Financial and Quantitative Analysis*, 2003, 38(1).

② Andrei Shleifer 和 Robert Vishny(1997)对公司治理中的两种代理问题做出了一个较早的总结。参见 Andrei Shleifer, Robert Vishny. A Survey of Corporate Governance[J]. *The Journal of Finance*, 1997, 52(2).

2.1.1 Berle 和 Means 范式中的代理问题：经理层与股东之间的代理问题

所有权分散情形下所有权和经营权分离所引起的代理问题的关注始于伯利和米恩斯(Berle & Means,1932)的开创性研究。伯利和米恩斯(Berle & Means)在 1932 年发表了具有重要意义的研究成果,指出美国大型公司中的所有权是高度分散的,实际控制权掌握在经理层手中,经理会以股东的利益为代价而寻求其自身的利益。在此后的半个多世纪里,大量的研究围绕着伯利和米恩斯(Berle & Means)的这一论断展开。

詹森和麦克林(Jensen & Meckling,1976)[1]提出的委托代理模型表明,在只拥有部分股份的情况下,公司管理者会通过增加非金钱消费的形式最大化自身效用,其结果是导致公司价值的降低。他们研究得出的一个结论是,随着管理者持股比例的提高,代理成本将下降,公司价值将上升。詹森(Jensen,1986)[2]进一步指出,当企业拥有较多的自由现金流时,经理易产生将自由现金投资于净现值为负的新项目上的动机,即所谓的过度投资动机,这会损害股东利益。斯图尔兹(Stulz,1990)[3]认为经理通过过度投资来营造经理帝国,但是这种过度投资却不利于企业价值增长。

经理层和股东之间的利益冲突源于二者之间目标函数的不一致。股东的目标是通过寻求公司价值的最大化来实现财富最大化;而经理则通过寻求诸如公司规模、津贴等目标来最大化自身效用。在所有权分散的情况下,分散的股东缺乏激励(incentives)和能力(abilities)去监督经理,因为这种监督是一种"公共品",监督带来的公司价值提升会让所有股东受益,而监督成本则由单个股东承担。

---

① Michael C. Jensen, William H. Meckling. Theory of the Firm：Managerial Behavior, Agency Cost, and Ownership Structure[J]. *Journal of Financial Economics*, 1976(3).

② Michael C. Jensen. Agency Costs of Free Cash Flow, Corporate Finance, and Takeovers[J]. *American Economic Review*, 1986, 76(2).

③ Rene Stulz. Managerial Discretion and Optimal Financing Policies[J]. *Journal of Financial Economics*, 1990(26).

2.1.2 LLSV 范式中的代理问题：控股股东与小股东之间的代理问题

1980 年以来的文献显示出了与伯利和米恩斯(Berle & Means, 1932)不同的观点，相关的研究发现，所有权分散的结构并非广泛存在，仅仅适用于美国和英国的大型公司[①]，所有权集中的结构才是全球范围内公司所有权结构的主导形态。[②] 这方面的开创性研究来自于 LLSV(1998)的贡献。这些研究显示，在许多国家的公司中不仅拥有大股东，而且这些股东也积极参与公司治理。泽克豪泽和庞德(Zeckhauser & Pound, 1990)[③]和伯卡特，格鲁伯和潘伦齐(Burkart, Gromb & Panunzi, 1997)[④]认为，在存在着控股股东的公司中，控股股东掌握了较多的公司股份，所以既有动力又有能力去对经理层进行监督。因此，在所有权集中的情形下，经理层与股东之间的代理问题可以通过控股股东的监督得到缓和。

在 LLSV 范式中，拥有大量股份的控股股东利用多数投票权来主导或者影响董事会，从而获得公司的控制权。控制性股东所拥有的企业控制权与小股东的所有权之间的分离，引发了两者之间的潜在利益冲突，特别是控制性股东往往采用金字塔结构、交叉持股或者二元股权等形式，使得控制性股东自身所拥有的控制权与所有权也发生分离，从而产生了新的代理问题，即控股股东与小股东之间的代理问题。

控股股东与小股东之间的利益冲突在于二者的利益并不完全一致，控股股东可以凭借其对公司经营决策的控制权谋取自己的利益，同时控股股

---

① Shleifer & Vishny(1986)和 Morck, Shleifer & Vishny(1988)的研究发现，即使是美国的许多大公司中，也存在一些所有权集中的迹象。参见 Shleifer, Vishny. Large Shareholders and Corporate Control[J]. *Journal of Political Economy*, 1986, 94(3): p. 461 - 488 和 Morck, Shleifer, Vishny. Management Ownership and Market Valuation: An Empirical Analysis[J]. *Journal of Financial Economics*, 1988(20).

② 对全球范围内所有权集中的介绍见本章下一节。

③ Zeckhauser R, Pound J. Are Large Shareholders Effective Monitors? An Investigation of Share Ownership and Corporate Performance. In: Hubbard, G. R. (ed.). *Asymmetric Information, Corporate Finance and Investment*[M]. Chicago: University of Chicago Press, 1990.

④ Mike Burkart, Denis Gromb, Fausto Panunzi. Large Shareholders, Monitoring, and the Value of the Firm[J]. *The Quarterly Journal of Economics*, 1997, 112(3).

东只按照其拥有的所有权比例承担由于利益转移而给上市公司带来的亏损,这种控制权收益的实现往往是以损害中小股东的利益为前提的。在 LLSV 范式中,这种由控制性股东单独享有的控制权收益被称为控制权私利(private benefits of control),与之相对应的由全体股东共享的收益被称为共有收益(share benefits of control)(DeAngelo & DeAngelo, 1985[①]; Grossman & Hart, 1988[②]; Harris & Raviv, 1988[③]; Barclay & Holderness, 1989[④])。控股股东谋取控制权私利的行为严重损害了小股东的利益,这说明当控股股东掌握公司的控制权时,公司治理的重点应该是如何防止控股股东对其他股东的利益侵占(expropriation)(Shleifer & Vishny,1997)。这使得控股股东与小股东之间的代理问题成为 LLSV 范式中的主导,并由此引发了对投资者权益保护(investor protection)的讨论。控制权私利与投资者权益保护作为 LLSV 范式中的两个关键概念,受到了越来越多的关注。

2.2　国外相关研究

2.2.1　集中的终极产权：一种全球现象

近年来的一系列经验文献显示了集中的所有权形式在全世界大多数国家存在,而由伯利和米恩斯(Berle & Means, 1932)所描述的大量分散的、消极的股东所广泛持有的公司类型仅仅存在于一些美国和英国的企业

---

① Harry DeAngelo, Linda DeAngelo. Managerial Ownership of Voting Rights：A Study of Public Corporations with Dual Classes of Common Stock[J]. *Journal of Financial Economics*, 1985, 14(1).

② Sanford Grossman, Oliver Hart. One Share-One Vote and the Market for Corporate Control [J]. *Journal of Financial Economics*, 1988(20).

③ Milton Harris, Artur Raviv. Corporate Governance：Voting Rights and Majority Rules[J]. *Journal of Financial Economics*, 1988(20).

④ Michael Barclay, Clifford Holderness. Private Benefits from Control of Public Corporations[J]. *Journal of Financial Economics*, 1989, 25(2).

中。国际上对集中的终极产权的经验证据可以通过三个维度来概括：(1) 控制权的集中；(2) 控制权和所有权的分离；(3) 终极所有者的类型。

欧洲公司治理网络(European Corporate Governance Network)第一个对公司所有权结构进行了较大范围的国别比较研究,其在 1997 年发表的《所有权和控制权的分离：欧洲七国调查报告》①中对欧洲国家公司的所有权结构以及与美国公司的差异进行了详细而综合的比较分析。研究发现,总体而言,欧洲大陆国家公司的投票权集中度要远远高于美英两国。进一步分析投票权的持有者,可以发现在欧洲大陆国家中,大量投票权被家族所持有,而且大股东一般会通过发行具有不同投票权利的双重股份、金字塔结构或交叉持股等手段,使其投票权超过现金流权,以此实现对公司的超额控制。

拉波塔,洛佩兹和施莱佛(La Porta, Lopez-de-Silanes & Shleifer, 1999)通过层层追溯 27 个发达国家和地区中规模最大的 20 家公众上市公司的控制链来找出谁拥有最多的投票权,发现除了英国(全部 20 家公司都属于分散型)、日本(18 家公司属于分散型)和美国(16 家公司属于分散型)外的其他国家和地区的公司普遍存在着一个最终控制股东。随后一系列研究广泛地支持了这一发现。

克莱森斯,詹科夫和郎咸平(Claessens, Djankov & Lang, 2000)考察了东亚② 2 980 家公司的终极产权结构,研究发现东亚国家和地区上市公司中超过 2/3 的公司被一个股东独家控制,最终控制人平均拥有的投票权比例为 19.77%,其中最高的是泰国(35.25%),日本最低(10.33%)。家族和政府是东亚公司的两大最终控制人,其中家族控制的比例超过半数,但是在国家间的差异显著。日本公司通常为广泛持有,中国香港地区、印度尼西亚、韩国、菲律宾、中国台湾地区和泰国的上市公司主要被家族控制,而新加坡和马来西亚的国家控制很显著,其中新加坡国家控股的比例高达 23.6%。

---

① European Corporate Governance Network. The Seperation of Ownership and Control: a Survey of 7 European Countries[R]. Report Prepared for European Commission, 1997.
② 包括中国香港地区、印度尼西亚、日本、韩国、马来西亚、菲律宾、新加坡、中国台湾地区、泰国。

　　法乔和郎咸平(Faccio & Lang, 2001)分析了 13 个西欧国家[①] 5 232 家公司的最终控制人,发现典型的广泛持有公司仅仅在英国和爱尔兰占主导地位。91.86％的样本公司中,最大股东控制了超过 5％的投票权。这些公司中最终控制人拥有的投票权平均值高达 38.48％。在奥地利、法国、德国、意大利和瑞士等国,这一指标非常接近甚至超过了 50％。对欧洲大陆单个国家的大量研究揭示了类似的结果。公司所有权的高度集中存在于意大利(Paolo, 2002[②]; Marco, Bianco & Luca, 2001[③]; Giovanni Melis & Andrea Melis, 2005[④])、德国(Franks & Mayer, 2001[⑤]; Becht & Boehmer, 2003[⑥]; Edwards & Weichenrieder, 2004[⑦])、奥地利(Gugler, 1998[⑧])和比利时(Renneboog, 2000[⑨])。一些普通法国家也存在着高比例的终极所有权集中的证据,例如加拿大(Attig & Gadhoum, 2003[⑩])和澳大利亚(Lamba & Stapledon, 2001[⑪])。最终控制人在新兴和转型经济中

① 包括奥地利、比利时、芬兰、法国、德国、爱尔兰、意大利、挪威、葡萄牙、西班牙、瑞典、瑞士和英国。

② Paolo Volpin. Governance with Poor Investor Protection: Evidence from Top Executive Turnover in Italy[J]. *Journal of Financial Economics*, 2002, 64(1).

③ Marco Bianchi, Bianco Magda, Enriques Luca. The Separation Between Ownership and Control in Italy[R]. *mimeo*. Bank of Italy, 2001.

④ Giovanni Melis, Andrea Melis. Financial Reporting, Corporate Governance and Parmalat: Was it a Financial Reporting Failure. *Governing the Corporation*(Justin, Brien, ed.)[M]. New Jersey: John Wiley Sons, 2005.

⑤ Julian Franks, Colin Mayer. Ownership and Control of German Corporations[J]. *Review of Financial Studies*, 2001(14).

⑥ Marco Becht, Ekkehart Boehmer. Voting Control in German Corporations[J]. *International Review of Law and Economics*, 2003, 23(1).

⑦ Jeremy Edwards, Alfons Weichenrieder. Ownership Concentration and Share Valuation[J]. *German Economic Review*, 2004, 5(2).

⑧ Klaus Gugler. Corporate Ownership Structure in Austria[J]. *Empirica*, 1998, 25(3).

⑨ Luc Renneboog. Ownership, Managerial Control and the Governance of Companies Listed on the Brussels Stock Exchange[J]. *Journal of Banking and Finance*, 2000, 24(12).

⑩ Najah Attig, Yoser Gadhoum. The Governance of Canadian Traded Firms — An Analysis of the Ultimate Ownership Structure[R]. *mimeo*. University of Quebec, 2003.

⑪ Asjeet Lamba, Geof Stapledon. The Determinants of Corporate Ownership Structure: Australian Evidence[R]. Financial Management Association International Conference, Denver, 2003.

也占据了主导地位(Claessens & Djankov, 1999①; Grosfeld & Hashi, 2003②; Chernykh, 2005③)。表 2 - 1 列出了部分研究中世界各国的现金流权和投票权。

表 2 - 1　世界各地区上市公司的现金流权与投票权

国家和地区	LLSV(2002)		Claessens 等(2000)和 Faccio 等(2001)[a]	
	现金流权	控制权	现金流权	控制权
阿根廷	38%	48%	—	—
澳大利亚	25%	30%	—	—
奥地利	47%	56%	47%	54%
比利时	29%	39%	35%	40%
加拿大	25%	41%	—	—
丹　麦	30%	41%	—	—
芬　兰	30%	38%	33%	37%
法　国	23%	37%	47%	48%
德　国	30%	37%	49%	55%
希　腊	48%	52%	—	—
中国香港	32%	42%	24%	28%
印度尼西亚	—		26%	34%
爱尔兰	29%	30%	19%	22%
以色列	24%	40%	—	—
意大利	35%	51%	38%	48%
日　本	25%	26%	7%	10%
韩　国	18%	24%	14%	18%

---

① Stijn Claessens, Simeon Djankov. Ownership Concentration and Corporate Performance in the CzechRepublic[J]. *Journal of Comparative Economics*, 1999, 27(3).

② Irena Grosfeld, Iraj Hashi. Mass Privatisation, Corporate Governance and Endogenous Ownership Structure[R]. William Davidson Institute Working Paper, 2003.

③ Lyudmila Chernykh. Ultimate Ownership and Corporate Performance in Russia[D]. Drexel University, 2005.

国家和地区	LLSV(2002)		Claessens 等(2000)和 Faccio 等(2001)[a]	
	现金流权	控制权	现金流权	控制权
马来西亚	—	—	24%	28%
墨西哥	36%	52%	—	—
荷　兰	33%	70%	—	—
新西兰	24%	33%	—	—
挪　威	27%	34%	24%	31%
菲律宾	—	—	21%	24%
葡萄牙	46%	49%	38%	41%
新加坡	31%	38%	20%	28%
西班牙	26%	33%	43%	44%
瑞　典	12%	32%	25%	31%
瑞　士	34%	46%	35%	47%
中国台湾	—	—	16%	19%
泰　国	—	—	33%	35%
英　国	14%	25%	23%	25%
美　国	20%	21%	—	—

注：西欧国家和地区现金流权和投票权的数据来自克莱森斯等(Claessens et al.，2000)；东亚国家和地区现金流权和投票权的数据来自法乔(Faccio et al.，2001)。

相关研究中揭示的终极产权结构的第二个重要特征是终极所有者投票权和现金流权的分离[①]。公司治理理论一直都将所有权和控制权的分离视为代理问题的核心(Berle & Means，1932；Jensen & Meckling，1976；Fama & Jensen，1983[②])。使得控制权集中但是现金流权不出现集

—————————

① 投票权与现金流权的分离程度存在两种主要的衡量方法，一是用投票权与现金流权的差来表示分离度，另一种方法用现金流权与投票权之比表示分离度。采用第一种方法的代表性研究如 LLSV(2002)，采用第二种方法的代表性研究如 Faccio & Lang (2001)。

② Eugene Fama, Michael Jensen. Separation of Ownership and Control[J]. *Journal of Law and Economics*, 1983, 26(2).

中的三种基本的法律安排分别是多元股份、金字塔结构和交叉持股。多元股份允许背离"一股一个投票权"的原则。根据各国法律的不同,存在着多种形式的多元股份,如有限制投票权的股份(优先股)、无投票权股份等。金字塔结构是另一种有效的同时也是最常见的使投票权和现金流权分离的机制。一个金字塔结构是存在着一条垂直控制链的集团公司,在控制链末端存在着一个终极所有者。这种安排使终极所有者在只拥有少量股份的情况下有效地控制整个链条上的所有公司。交叉持股或者相互持股代表了另一种使投票权和现金流权分离的方法。这种情况发生在当公司直接或者间接持有自己股份的情况下。换句话说,两个或者更多的公司互相持有对方的股份。拜伯切克,卡拉克曼和特里安迪斯(Bebchuk, Kraakman & Triantis, 1999)①从理论上分析了强化控制权的不同方式,证明了一个股东可以获得公司的多数控制权而不需要掌握多数的现金流权。他们提出,公司的设计者可以通过使用金字塔结构、交叉持股和(或)多元股份来获得任何想要的分离度。

拉波塔等(La Porta et al., 1999)、克莱森斯等(Claessens et al., 2000)、法乔和郎咸平(Faccio & Lang, 2001)、莱蒙和林斯(Lemmon & Lins, 2003)②和林斯(Lins, 2003)③的跨国研究发现金字塔所有权结构和交叉持股在世界范围内的广泛存在,特别是在欧洲大陆和东亚尤为突出。此外,还存在着一些其他的安排,这些安排通常只在某些国家较为常见,如投票权合作和股东间协议、集团所有权结构、互派董事会成员等(Bianchi, Bianco & Enriques, 2001; Denis & McConnell, 2003)。现有的研究揭示出了反映法律和制度环境特点的控制权强化安排存在着国别差异。这些研究同时也表明控制性股东倾向于通过各种可行的方法去强化他们的控

① Lucian Bebchuk, Reinier Kraakman, George Triantis. Stock Pyramids, Cross-Ownership and Dual Class Equity: The Mechanisms and Agency Costs of Separating Control From Cash-Flow Rights[R]. NBER Working Paper, 1999.
② Michael Lemmon, Karl Lins. Ownership Structure, Corporate Governance, and Firm Value: Evidence from the East Asian Financial Crisis[J]. *The Journal of Finance*, 2003, 58(4).
③ Karl Lins. Equity Ownership and Firm Value in Emerging Markets[J]. *The Journal of Financial and Quantitative Analysis*, 2003(38).

制权。表 2-2 列出了部分研究中对世界各个国家和地区现金流权与投票权分离程度的统计。

表 2-2　世界各地区上市公司的现金流权与投票权的分离

国家和地区	LLSV(2002)[a]	Claessens 等(2000)和 Faccio 等(2001)[b]
阿根廷	10%	—
澳大利亚	5%	—
奥地利	10%	0.851
比利时	10%	0.779
加拿大	17%	—
丹　麦	10%	—
芬　兰	8%	0.842
法　国	13%	0.930
德　国	7%	0.842
希　腊	4%	—
中国香港	10%	0.882
印度尼西亚	—	0.784
爱尔兰	1%	0.811
以色列	16%	—
意大利	16%	0.743
日　本	1%	0.602
韩　国	6%	0.858
马来西亚	—	0.853
墨西哥	16%	—
荷　兰	37%	—
新西兰	8%	—
挪　威	7%	0.776
菲律宾	—	0.908
葡萄牙	3%	0.924
新加坡	7%	0.794

国家和地区	LLSV(2002)[a]	Claessens 等(2000)和 Faccio 等(2001)[b]
西班牙	7%	0.941
瑞　典	19%	0.790
瑞　士	12%	0.740
中国台湾	—	0.832
泰　国	—	0.941
英　国	10%	0.888
美　国	1%	—

注：a. LLSV(2002)用投票权与现金流权的差衡量分离程度；

　　b. 西欧国家和地区现金流权和投票权的数据来自克莱森斯等(Claessens et al. , 2000)；东亚国家和地区现金流权和投票权的数据来自法乔等(Faccio et al. , 2001)。克莱森斯等(Claessens et al. , 2000)和法乔等(Faccio et al. , 2001)用现金流权与投票权之比衡量分离程度。

相关研究中终极控制权的第三个特征是控制性股东的主要类型。终极控制权文献区分了不同类型的控制性股东，如政府、私人（或者家族）、广泛持有公司、广泛持有的财务机构以及外国公司。拉波塔等(La Porta et al. , 1999)通过对由 27 个发达国家大型上市公司构成的样本的研究发现这些市场中的公司被家族(45% 的企业)或国家(18 的企业)最终控制。法乔和郎咸平(Faccio & Lang, 2001)对由 13 个西欧国家上市公司组成的样本的研究发现了类似的家族控制企业的广泛存在[①]。他们同时发现了政府控制公司的频率在国家间的巨大差别。政府控制公司在英国(0.1%)和爱尔兰(1.5%)的数量可以忽略不计，而在奥地利、芬兰、意大利和挪威的上市公司中政府控制公司的比重超过了 10%。

2.2.2　终极产权与利益侵占：理论分析与经验证据

2.2.2.1　理论分析

LLSV(2002)提出了一个关于终极产权与利益侵占的模型。他们的

---

① 家族控制的企业占样本的 44.3%。

模型较为详细地分析了控制性股东的现金流权、控制权私利、投资者权益保护与公司价值之间的关系,清楚地描述出了终极产权是如何影响控制性股东的利益侵占行为,进而对公司价值产生影响,以及由此而引发的投资者权益保护的重要性。

在 LLSV 的模型中,企业由一位控制性股东完全控制,LLSV 将控制性股东称为企业家。控制性股东持有企业 α 的现金流权。企业投资一个项目 I,利润率 R,假设企业没有任何成本,所以利润是 RI。公司所有的利润都分配给股东,但是控制性股东能够从企业的利润中转移(diversion)s比例给自己,作为控制权私利,然后才将剩余的利润在所有股东间分配。这种转移(diversion)或者隧道挖掘(tunneling)可以通过转移价格、担保等形式进行。根据伯卡特等(Burkart et al. , 1998)[1]和约翰逊等(Johnson et al. , 2000)的研究,控制性股东在转移利益时必须支付一定的成本。

因为存在成本,所以当控制性股东转移 s 比例利润时,他只得到 $sRI - c(k, s)RI$,这里 $c(k, s)$ 是转移 s 时耗费的利润的比例。c 是偷窃成本函数(the cost-of-theft function)。这里 k 代表投资者权益保护的质量,对投资者权益保护得越好,在侵占给定比例利润时耗费得就越多。因此,当投资者的法律保护很差的时候,k 就很低,c 接近于 0;当法律保护很完善的时候,这时 k 就很高,c 接近于 s。

正式地,LLSV 假设:(1)$c_k > 0$[2],含义是投资者权益保护越完善,控制性股东转移利润的成本就越高;(2)$c_s > 0$,含义是控制性控股转移利润的边际成本为正;(3)$c_{ss} > 0$,含义是控制性股东转移利润行为的边际成本递增;(4)$c_{ks} > 0$,含义是投资者权益保护越完善,控制性股东转移利润的边际成本就越高。假设 c 是由控制性股东而不是全体股东承担。在上述假设之下,控制性股东最大化下式:

$$\alpha(1 - s)RI + sRI - c(k, s)RI \tag{2.1}$$

① Mike Burkart, Denis Gromb, Fausto Panunzi. Why Higher Takeover Premia Protect Minority Shareholders[J]. *Journal of Political Economy*, 1998(106).

② c_k 为成本函数对投资者权益保护参数的一阶偏导,定义 $c_k = \dfrac{\partial c}{\partial k}$,其余类推。

上式第一项表示控制性股东转移利润后获得的股利,第二项表示转移利润的收益,第三项表示转移利润的成本。因为最优 s 的解不依赖于 RI,我们可以假设控制性股东最大化下式:

$$U = \alpha(1-s) + s - c(k, s) \tag{2.2}$$

上式对 s 求导,由一阶条件最后得到:

$$c_s(k, s) = 1 - \alpha \tag{2.3}$$

对一阶条件分别对 k、α 求导[①],整理得到:

$$\frac{\mathrm{d}s^*}{\mathrm{d}k} = -\frac{c_{ks}(k, s)}{c_{ss}(k, s)} < 0 \tag{2.4}$$

$$\frac{\mathrm{d}s^*}{\mathrm{d}\alpha} = -\frac{1}{c_{ss}(k, s^*)} < 0 \tag{2.5}$$

不等式(2.4)的含义是股东保护更好的国家控制性股东对少数股东的侵占越少。[②] 不等式(2.5)的含义是控制性股东的现金流权越高,对少数股东的侵占越少。进一步地,LLSV 讨论了这一模型对公司价值的含义。LLSV 用 Tobin's Q 衡量公司价值,由 $q = (1-s^*)R$ 给出。[③] 这一比较静态结果由下式给出:

$$\frac{\mathrm{d}q}{\mathrm{d}k} = -\frac{\mathrm{d}s^*}{\mathrm{d}k}R > 0 \tag{2.6}$$

$$\frac{\mathrm{d}q}{\mathrm{d}\alpha} = -\frac{\mathrm{d}s^*}{\mathrm{d}\alpha}R > 0 \tag{2.7}$$

不等式(2.6)意味着在投资者权益保护更好的法律体制中的企业应该有更高的 Tobin's Q。不等式(2.7)意味着控制性股东的现金流权越高的企业应该有更高的 Tobin's Q。

LLSV(2002)模型的主要贡献在于系统地从理论上阐述了如下两个

---

① LLSV 假设 k 和 α 均为外生,且两者不相关。

② 或者说控制性股东转移利润的比例更低。

③ LLSV 模型中的 Tobin's Q 更多的是从没有收到任何控制权收益的小股东的视角衡量了公司的价值,而非控制性股东的角度。

具有重要意义的结论：第一，一个国家的投资者权益保护机制越健全，控制性股东对小股东的侵占程度越低，公司价值越高；第二，最终控制人持有的现金流权越高，攫取控制权私利的动机越低，公司价值越高。LLSV(2002)模型的结论得到了一系列实证结果的有力支持。

2.2.2.2　经验证据

理论分析已经表明终极产权对控制性股东的利益侵占行为产生重大影响，很多学者开始对终极产权与控制性股东的利益侵占行为进行实证检验。约翰逊等(Johnson et al., 2000)用"隧道挖掘"[①]来形容控制性股东通过转移公司资源来谋取自身利益的行为，并通过三个案例分析了控制性股东的"隧道挖掘"行为。法乔，郎咸平和杨瑞辉(Faccio, Lang & Young, 2001)[②]从股息的视角对控制性股东利益侵占的分析为发生在商业集团内部利益侵占提供了定量证据以及侵占在欧洲和亚洲的区别。伯特兰德，梅塔和穆兰纳森(Bentrand, Mehta & Mullainathan, 2002)[③]通过金字塔结构集团内部资金流的分析，发现印度企业集团中存在着大量的"隧道挖掘"行为。最近的文献开始通过考察控制性股东的专门交易来直接验证利益侵占行为的存在性。张仁良，劳和图拉伊提斯(Cheung, Rau & Stouraitis, 2006)[④]利用事件研究法对 1998～2000 年中国香港上市公司三类关联交易的样本研究发现，对发生关联交易的企业，市场预期存在利益侵占的股票折价并不明显，但是如果是中国内地公司跨境在中国香港上市，发生关联交易时小股东的价值则非常明显地受损，这说明在内地的最终控制人能够通过关联交易来侵占小股东的利益。张仁良，井丽华，劳和图拉伊提斯(Cheung, Jing, Rau & Stouraitis, 2006)[⑤]分析了中国内

[①] 有的学者将其翻译为"掏空"。

[②] Mara Faccio, Larry Lang, Leslie Young. Dividends and Expropriation[J]. *American Economic Review*, 2001, 91(1).

[③] Bertrand Marianne, Paras Mehta, Sendhil Mullainathan. Ferreting Out Tunneling: An Application to Indian Business Groups[J]. *Quarterly Journal of Economics*, 2002, 117(1).

[④] Yan-Leung Cheung, Raghavendra Rau, Aris Stouraitis. Tunneling, Propping, and Expropriation: Evidence from Connected Party Transactions in Hong Kong[J]. *Journal of Financial Economics*, 2006, 82(2).

[⑤] Yan-Leung Cheung, Lihua Jing, Raghavendra Rau, Aris Stouraitis. How Does the Grabbing Hand Grab? Tunneling Assets from Chinese Listed Companies to the State[R]. Working Paper, http://econ.ucsb.edu/seminar/papers/w06/rau.pdf.

地上市公司与其国有企业控制性股东之间的关联交易,发现了资源是如何从小股东转移到国有控制性股东手里的。他们的研究发现对小股东的利益侵占集中在具有更高的国有股权和由地方政府控制的国有企业这两大特征的上市公司中。

控制性股东的现金流权和投票权的影响不仅体现在利益侵占行为上,也反映在公司价值上。在对终极产权与公司价值之间关系的实证分析中,最为常见的是考察控制性股东投票权与现金流权的分离度与公司价值的关系。[①] 这种方法背后的思想是,如果控制性股东的投票权超过了他的现金流权,那么该控制性股东将有更多的激励去寻求控制权私有收益和更少的动力去提高公司价值。这是因为在这种情况下,一方面控制性股东有足够的投票权去转移公司资源,另一方面这种转移的负效应由全体股东分担。克莱森斯,詹科夫,范博宏和郎咸平(Claessens, Djankov, Fan & Lang, 2002)[②]提出了一个与之类似的观点:公司价值随着终极控制性股东所拥有的现金流权而增长,有着正面的激励效应(incentive effect);而当终极控制性股东的控制权超过现金流权时公司价值会下降,有着负面的壁垒效应(entrenchment effect)。[③]

大量的经验证据支持了这些结果。拉波塔等(La Porta et al. , 1998)的研究发现公司价值随着控制性股东现金流权的增加而上升。拉波塔等(La Porta et al. , 2002)的实证分析再次验证了这一结果。克莱森斯,詹科夫和郎咸平(Claessens, Djankov & Lang, 2002)调查了九个东亚国家和地区现金流权和投票权的分离程度,发现当控制性股东现金流权增加时公司价值上升,当控制性股东投票权增加时公司价值下降,二者的分离度越大,对公司价值

---

① 由 LLSV(2002)的模型很容易可以发现,控制性股东的利益转移行为与公司价值之间存在负向关系。具体地,由 $q = (1 - s^*)R$ 即可得到 $\dfrac{\mathrm{d}q}{\mathrm{d}s} = -R < 0$。

② Stijn Claessens, Simeon Djankov, Joseph Fan, Larry H. P. Lang. Disentangling the Incentive and Entrenchment Effects of Large Shareholdings[J]. *Journal of Finance*, 2002, 57(6).

③ 类似的提法可以追溯到 Morck, Shleifer & Vishny (1988),其区别在于 Morck, Shleifer & Vishny (1988) 用利益协同(convergence-of-interest)来代替激励效应。参见 Randall Morck, Andrei Shleifer, Robert Vishny. Management Ownership and Market Valuation: An Empirical Analysis[J]. *Journal of Financial Economics*, 1988(20).

的负效应越强。莱蒙和林斯(Lemmon & Lins, 2003)研究了 1997 年金融危机期间八个东亚国家和地区①上市公司的累计股票收益。他们发现这一期间在那些经理及其家族控制的投票权超过他们现金流权的企业股票收益大约要低 10%～20%。林斯和瑟维斯(Lins & Servaes, 2002)②对七个新兴市场③的公众公司的研究发现了类似的证据:当控制人的投票权大大超过现金流权时公司价值的低估程度最高。林斯(Lins, 2003)对 18 个新兴市场样本的研究也发现了现金流权和投票权的分离程度与公司价值的负相关。沃尔平(Volpin, 2002)对意大利上市公司的研究发现当控制性股东的投票权低于现金流权的 50% 时,Q 比率较低,同时 CEO 的更替率对绩效更不敏感。约翰(Joh, 2003)④利用韩国 5 829 家公司 1993～1997 年的数据,考察了金融危机之前韩国公司所有权结构与公司绩效之间的关系,发现集中的所有权与公司绩效呈正相关关系,控股股东在持股比例较低的时候更有可能掠夺小股东的利益,控制权与所有权分离程度越高,公司绩效越低。企业集团的内部资本市场资源配置缺乏效率,资源从集团的一家附属公司转移到另一家附属公司更多的是一种"隧道挖掘"行为而非资源优化配置行为。边、姜和帕克(Baek, Kang & Park, 2004)⑤发现在 1997 年东亚金融危机期间,被家族集中控制的企业集团及其附属公司的价值经历了较大程度的下降,控股股东的控制权和所有权分离程度越高、与主办银行有更多的借贷关系,以及多元化程度越高的公司,公司价值越低。

　　与控制性股东的利益侵占行为密切相关的一个概念是控制性股东的控制权私有收益。很多学者开始尝试使用各种方法来度量控制权私利的大小。然而度量控制性股东的控制权私有收益是十分困难的,控制性股东

---

① 分别是中国香港、印尼、马来西亚、菲律宾、新加坡、韩国、中国台湾和泰国。
② Karl Lins, Henri Servaes. Is Corporate Diversification Beneficial in Emerging Markets? [J]. *Financial Management*, 2002, 31(2).
③ 分别是中国香港、印度、印尼、马来西亚、新加坡、韩国和泰国。
④ Joh W. S.. Corporate Governance and Firm Profitability: Evidence from Korea Before the Economic Crisis[J]. *Journal of Financial Economics*, 2003(68).
⑤ Baek S. J., Kang K. j., Park S. k.. Corporate Governance and Firm Value: Evidence from the Korea Financial Crisis[J]. *Journal of Financial Economics*, 2004, 71(2).

通过利益侵占谋取控制权私利的行为往往具有很强的隐蔽性。正如戴克和津加莱斯(Dyck & Zingales, 2002)①所说:"直接测量控制权私有收益是非常困难的。只有当证实或者发现控制性股东攫取公司资源来获得个人收益的行为非常困难或者不可能时,控制性股东才会这么做。如果控制权私有收益很容易度量,那么这些收益就不是私人的,因为外部股东可以通过法律来要求补偿这部分损失。"为了考察控制性股东的控制权私有收益,大多数研究采用间接的方式。

从我们掌握的资料来看,巴克利和霍尔德尼斯(Barclay & Holderness, 1989)是最早进行控制权私利测量的学者,他们通过大宗股权转让溢价来估计控制权私有收益水平。他们的思路是:如果所有股东所获得的收益均基于所持有的股份,那么大宗股权转让的交易价格应该是当日的股票交易价格;如果大宗股权持有者能够通过所掌握的控制权获得不能为中小股东所享有的收益,那么股权转让的价格就会以溢价方式进行;如果大宗股权持有者认为将来必须承担负的控制权私利,那么股权转让的价格就会以折价方式进行。他们对美国证券市场1978～1982年期间发生的63笔大宗股权转让的分析发现,大宗股权转让中平均溢价水平为20%,这充分说明了多数公司存在着正的控制权私有收益。沿着这一思路,戴克和津加莱斯(Dyck & Zingales, 2002)计算了1990～2000年期间世界39个国家的412宗大宗股权转让的溢价,发现在国家层面最高溢价水平为65%,平均溢价水平为14%。与基于大宗股权转让溢价的方法不同,津加莱斯(Zingales, 1995)②提出投票权溢价法来估计控制权私利水平,其基本思路是通过比较具有相同现金流量权但是投票权不同的股票价格来估计控制权私有收益的大小。津加莱斯(Zingales)通过对CRSP数据库1984～1990年期间发行具有不同投票权的多元股份的公司的相关数据进行分析发现,具有投票权的股票转让价格的平均溢价水平约为10%。采用类似

---

① Alexander Dyck, Luigi Zingales. Private Benefits of Control: an International Comparison[R]. NBER Working Paper, 8711, 2002.

② Luigi Zingales. What Determines the Value of Corporate Votes? [J]. *Quarterly Journal of Economics*, 1995, 110(4).

的方法,吉诺瓦(Nenova,2003)[1]使用 1997 年 18 个国家和地区 661 个发行二元股份公司构成的样本,发现源于法国民法的国家投票权溢价水平最高,其次是德国民法,普通法系和斯堪的纳维亚法系国家的投票权溢价水平最低。多伊奇(Doidge,2004)[2]使用 20 个国家和地区 745 家公司构成的样本,发现就国家层面而言,韩国公司投票权溢价水平最高。表 2 - 3 列出了从上述研究中得出的世界各地区的控制权私利水平。

表 2 - 3　不同学者估计的世界各地区控制权私利水平

国家或地区	Dyck & Zingales(2002)	Doidge(2004)	Nenova(2003)
阿根廷	27%(12%)	—	—
澳大利亚	2%(1%)	16%(15%)	23%(26%)
奥地利	38%(38%)	37%(29%)	—
巴　西	65%(49%)	25%(7%)	23%(15%)
加拿大	1%(1%)	12%(6%)	3%(0%)
智　利	15%(12%)	9%(6%)	23%(3%)
哥伦比亚	27%(15%)	30%(34%)	—
捷　克	58%(35%)	—	—
丹　麦	8%(4%)	9%(4%)	1%(0%)
埃　及	4%(4%)	—	—
芬　兰	2%(1%)	7%(3%)	-5%(1%)
法　国	2%(1%)	40%(46%)	28%(27%)
德　国	10%(10%)	16%(12%)	10%(5%)
中国香港	1%(3%)	—	-3%(-2%)
印度尼西亚	7%(7%)	—	—
以色列	27%(21%)	—	—
意大利	37%(16%)	49%(38%)	29%(30%)

① Tatiana Nenova. The Value of Corporate Voting Rights and Control: A Cross-Country Analysis [J]. *Journal of Financial Economics*, 2003, 68(3).

② Craig Doidge. U. S. Cross-Listings and the Private Benefits of Control: Evidence from Dual-Class Firms[J]. *Journal of Financial Economics*, 2004, 74(3).

国家或地区	Dyck & Zingales(2002)	Doidge(2004)	Nenova(2003)
日　　本	−4％(−1％)	—	—
马来西亚	7％(5％)	—	—
墨西哥	34％(47％)	1％(1％)	36％(37％)
荷　兰	2％(3％)	—	—
新西兰	3％(3％)	—	—
挪　威	1％(1％)	4％(4％)	6％(4％)
秘　鲁	14％(17％)	—	—
菲律宾	13％(8％)	—	—
波　兰	11％(8％)	—	—
葡萄牙	20％(20％)	7％(4％)	—
新加坡	3％(3％)	—	—
南　非	2％(0％)	8％(7％)	7％(3％)
韩　国	16％(17％)	67％(72％)	30％(60％)
西班牙	4％(2％)	—	—
瑞　典	6％(2％)	5％(2％)	1％(0％)
瑞　士	6％(7％)	16％(12％)	5％(1％)
中国台湾	0％(0％)	—	—
泰　国	12％(7％)	—	—
土耳其	30％(9％)	—	—
英　国	2％(1％)	16％(14％)	10％(7％)
美　国	2％(2％)	13％(12％)	2％(0％)
委内瑞拉	27％(28％)	—	—

注:表中各栏前一个数为平均值,括号内的数为中位数。

2.3　国内相关研究

中国上市公司普遍存在着高度集中的所有权,因此学者们非常重视直接控股股东对上市公司影响的研究,利用中国资本市场的有关数据进行了大量实证分析(Xu & Wang,1997①;孙永祥 & 黄祖辉,1999②;朱武祥 & 宋勇,2001③;徐晓东 & 陈小悦,2001④;徐晓东 & 陈小悦,2003⑤;白重恩等,2006⑥)。早期的研究大多是直接基于第一大股东持有股权的分析,受LLSV 等学者研究的启发,近年来国内关于公司所有权和控制权的有关研究也开始转而通过追溯终极所有者的方法来考察终极产权对上市公司的影响。

2.3.1　终极产权与最终控制人的研究

从我们掌握的资料来看,刘芍佳,孙霈和刘乃全(2003)⑦是最早对中国上市公司终极产权进行研究的学者。他们运用终极产权的原则,通过层层追溯中国上市公司最终控制人的方式,对中国上市公司的控股主体重新进行分类。结果发现,中国 84% 的上市公司最终仍由政府控制,而非政府控制的比例仅为 16%。刘芍佳等对中国上市公司终极控制股东分布情况的研究成果如表 2-4 所示。

表 2-4　按终极产权论构造的 2001 年中国上市公司的股权结构

	公司的最大股东	公司数量及其占上市公司总数的比例	最大股东占所有发行股票数的平均份额
国家作为终极控股股东	直接控制:政府部门或机构	8.5%(94 家)	39.6%(16.1)
	间接控制:国有企业	75.6%(836 家)	47.3%(17.6)
	其中:政府控股的上市公司	1.4%(15 家)	52.3%(20.8)
	国有独资公司ᵃ	32.6%(360 家)	49.7%(16.7)
	政府控制的非上市公司ᵇ	40.6%(449 家)	45.4%(17.9)
	政府拥有的专业机构与组织	1.1%(12 家)	39.0%(14.1)

---

① Xiao-nian Xu, Yan Wang. Ownership Structure and Corporate Governance in Chinese Stock Companies[J]. *China Economic Review*, 1999(10).

② 孙永祥,黄祖辉.上市公司的股权结构与绩效[J].经济研究,1999(12).

③ 朱武祥,宋勇.股权结构与企业价值——对家电行业上市公司实证分析[J].经济研究,2001(12).

④ 徐晓东,徐小悦.股权结构、企业绩效与投资者利益保护[J].经济研究,2001(11).

⑤ 徐晓东,徐小悦.第一股东对上市公司治理、企业绩效的影响分析[J].经济研究,2003(2).

⑥ 白重恩,刘俏,陆洲,宋敏,张俊喜.中国上市公司治理结构的实证研究[J].经济研究,2005(2).

⑦ 刘芍佳,孙霈,刘乃全.终极产权论、股权结构及公司绩效[J].经济研究,2003(4).

公司的最大股东		公司数量及其占上市公司总数的比例	最大股东占所有发行股票数的平均份额
国家控制的公司总量		84.1%(930 家)	46.5%(17.6)
非国有终极控股股东	非政府控股的上市公司	0.4%(4 家)	37.7%(24.9)
	未上市的集体企业与乡镇企业	7.0%(77 家)	38.3%(16.9)
	未上市的国内民营企业	7.5%(83 家)	33.3%(11.6)
	外资企业	10%(150 家)	25.8%(6.5)
非国家控制的公司总量		15.9%(174 家)	34.8%(14.7)
样本企业的数量加总		100%(1 105 家)	44.6%

注：a. 按照中国证监会数据,2001 年 12 月中国上市公司数量是 1 160 个。其中 95.3%的上市公司回应了我们关于 2001 年控股股东情况的调查,该调查于 2002 年 4 月进行。

b. 表中括号里面的数字是按百分比计算的标准差。

苏启林和朱文(2003)[①]以沪、深股市 128 家家族上市公司为研究对象,分析了这些家族上市公司的控制权分布情况。研究发现：最终控制人为家族的上市公司大约占全部上市公司总数的 9.31%,我国 65.63%的家族性上市公司家族控制权的比例均低于 30%,低于最终控制人为国有股东时的控制权比例。与苏启林和朱文(2003)的研究类似,张华等(2004)[②]对我国 112 家最终控制人为民营企业的样本公司进行了分析。他们发现,这些公司的所有权和控制权分离系数的统计均值为 58.3%。[③]

夏立军和方轶强(2005)[④]根据上市公司披露的最终控制人数据,首次将上市公司细分为非政府控制(即民营、乡镇或外资资本控制)、县级政府控制、市级政府控制、省级政府控制以及中央政府控制这五种类型。在他们的样本公司中,79%的公司被各级政府控制,其中县级政府、市级政府、省级政府以及中央政府控制的上市公司分别占 8%、25%、23%

---

① 苏启林,朱文.上市公司家族控制与企业价值[J].经济研究,2003(8).

② 张华,张俊喜,宋敏.所有权和控制权分离对企业价值的影响——我国民营上市企业的实证研究[J].经济学(季刊),2004(3).

③ 张华等(2004)用所有权与控制权之比衡量分离程度。

④ 夏立军,方轶强.政府控制、治理环境与公司价值[J].经济研究,2005(5).

和 23%。

李善民等(2006)①以 2004 年沪市的 743 家上市公司为研究样本,根据上市公司的实际控制人,将上市公司控制类型分成 4 类:政府控制、家族控制、广泛持有及其他。其中广泛持有和家族控制的上市公司两权分离程度最高,政府控制次之,随后是其他类型。②

赖建清(2007)③通过考察 2002 年沪深股市 1 182 家上市公司,他们发现:国有股东仍然直接或间接控制了约 77.13%的上市公司,平均控制的表决权是 47.57%,几乎处于绝对控股地位;非国有股东直接或间接控制了 22.87%的上市公司,平均控制的表决权是 33.27%,处于相对控股地位。各种类型的实际控制人采用金字塔式控股结构的比例是不同的,自然人采用金字塔式控股结构的比例高达 95.7%,控制的表决权是现金流量权的 2.35 倍,而国有资产经营公司采用金字塔式控股结构的比例最低,仅有 15.7%,控制的表决权也只是现金流量权的 1.072 倍。国有最终控制样本的两权分离系数均值为 2.24%(控制权-所有权);非国有最终控制样本两权分离系数均值为 10.61%(控制权-所有权)。④

2.3.2 终极产权与利益侵占:来自中国资本市场的经验证据

国内学者对最终控制人的利益侵占行为进行了大量实证分析。采用案例分析的方法,刘峰等(2004)⑤利用五粮液公司与五粮液集团之间 1998～2003 年利益往来情况的资料,研究了大股东的利益侵占行为,他们的结论是在我国资本市场上,由于缺乏对中小股东利益加以保护的法律,

---

① 李善民,王德友,朱滔.控制权和现金流权的分离与上市公司绩效[J].中山大学学报(社会科学版),2006(6).
② 李善民等(2006)用控制权与所有权之比衡量分离程度。
③ 赖建清.所有权、控制权与公司绩效[M].北京:北京大学出版社,2007.
④ 赖建清(2007)的研究中国有控制人包括国有资产管理局、国有资产经营公司、国有独资公司和院校,非国有控制人则包括自然人、一般社会法人和外资股东。
⑤ 刘峰,贺建刚,魏明海.控制权、业绩与利益输送——基于五粮液的案例研究[J].管理世界,2004(8).

加之相应约束大股东的市场机制尚未建立,大股东的控制导致了更多的侵害中小股东利益行为的利益输送现象。张光荣和曾勇(2006)①通过托普软件的案例分析了我国上市公司大股东实施支撑行为(propping)和隧道行为的动机及实施途径,并对相关的治理机制进行了讨论。他们的基本结论是,支撑行为与隧道行为是大股东为获得自身利益最大化而采取的方向不同的利益转移行为,支撑行为的目的在于提高上市公司的业绩指标,而隧道行为的目标是将实际资源向大股东转移,通常不影响当期业绩,但对公司价值和小股东利益造成长期损害。吕长江和肖成明(2006)②以上市公司最终控制人为利益侵占主体,投票权和现金流量权分离所产生的代理问题为切入点,对民营上市公司江苏阳光进行案例分析。通过分析江苏阳光的定期报告和临时报告,他们发现了最终控制人隧道挖掘行为的存在。

通过对中国资本市场上市公司有关数据的大样本研究,学者们也发现了最终控制人所有权、控制权及其分离对公司绩效的影响。刘芍佳,孙霈和刘乃全(2003)采用绩效分组筛选比较方法(the nestedperformance comparison)对1993~2000年中国上市公司数据的研究表明,就总体而言,国家间接控股、同行同专业的公司控股以及整体上市的国有上市公司的绩效更高。苏启林和朱文(2003)用托宾Q值来衡量公司绩效,通过对沪、深股市128家家族上市公司的数据分析,发现中国家族类上市公司中所有权和控制权分离系数越高,企业价值越低。张华等(2004)对中国民营上市公司的研究表明,最终控制人的所有权与企业的托宾Q值和市值/账面值有显著的正向关系,所有权变量的回归系数均在5%的水平显著;控制权与所有权之差的回归系数虽然不显著,但是其方向为负,表明超出实际所有权的控制权会导致企业的价值下降。夏立军和方轶强(2005)的研究表明,政府控制尤其是县级和市级政府控制对公司价值产生了负面影

---

① 张光荣,曾勇.大股东的支撑行为与隧道行为——基于托普软件的案例研究[J].管理世界,2006(8).

② 吕长江,肖成明.民营上市公司所有权安排与掏空行为——基于阳光集团的案例研究[J].管理世界,2006(10).

响,但公司治理环境的改善有助于减轻这种负面影响。李善民等(2006)的研究表明,控制权与现金流权分离的程度越高,公司财务绩效越差;家族控制公司的绩效平均而言比政府控制公司的绩效显著更差。

近年来国内学者对中国上市公司控制性股东的控制权私有收益大小进行了实证估计。由于估计方法和样本的差异,不同的研究得出的中国上市公司控制权私利水平存在一定的差异。唐宗明和蒋位(2002)①是较早对中国上市公司控制性股东的控制权私利进行估计的学者,采用巴克利和霍尔德尼斯(Barclay & Holderness, 1989)的方法,他们选择了1999 年到 2001 年间沪深两市 88 家上市公司共 90 项大宗国有股和法人股转让事件作为样本,通过分析股权的转让价格,发现样本公司的平均转让价格高于净资产价值近 30%。采用类似的方法,马磊和徐向艺(2007)②以 2003 年至 2004 年间发生的国有股协议转让的股权交易为样本,发现中国上市公司控制权私有收益的规模较大,平均占每股净资产的比率达到 7.5%,但从时间序列上看,2004 年比 2003 年的水平有所下降,他们将其归结于中国的投资环境及对投资者的权益保护有了进一步的改善。利用大宗股权交易与小宗股权交易的比较,邓建平和曾勇(2004)③以2001 年至 2002 年发生在沪、深两市 A 股市场的 234 例股权转让样本为分析对象,通过控股股权和非控股股权转让的溢价差来估计中国控制权私利水平,发现中国控制权私利水平约为每股净资产的 17%。此外,白重恩等(Bai et al., 2003)④提出,对于中国股票市场中的 ST 公司⑤而言,在某一个公司被宣布 ST(特别处理)前后的累积超常收益率(CAR)就是控制权收益良好的测量指标。他们认为在一家上市公司被宣布为 ST 之后,上市公司的控制性股东为了保住壳资源往往会频繁运作,企图改善上市公司的财务状况,这些努力自然就会反映到上扬的股价当中。为此他们考察

---

① 唐宗明,蒋位.中国上市公司大股东侵害度实证分析[J].经济研究,2002(4).

② 马磊,徐向艺.中国上市公司控制权私有收益实证研究[J].中国工业经济,2007(5).

③ 邓建平,曾勇.大股东控制和控制权私人利益研究[J].中国软科学,2004(10).

④ Chong-En Bai, Qiao Liu, Frank Song. The Value of Private Benefits: Evidence from an Emerging Market for Corporate Control[R]. University of Hong Kong Working Paper, 2003.

⑤ 指出现财务状况或其他状况异常的上市公司。

了 1998 年至 1999 年被宣布为 ST 的 50 只股票的价格变动情况,发现 ST 公司 22 个月的平均累积非正常收益高达 29%。

2.4　本　章　小　结

现有的研究对中国公司最终控制人的分布情况、所有权与控制权的分离程度以及利益侵占行为等问题进行了初步的梳理,有助于我们理解中国上市公司最终控制人与利益侵占行为之间的关系。

但是,从整体上看,国内至今涉及这一领域的研究仍然很少,现有的研究还存在许多空白,突出表现在两个方面:一是对终极产权与利益侵占的理论分析还相对薄弱,相关的研究更多采用经验分析的方法,对终极产权与利益侵占进行全面、系统和清晰分析的理论模型还比较缺乏;二是目前对最终控制人利益侵占行为的分析以案例研究为主,大样本的系统证据验证终极产权与利益侵占关系的实证研究还相对较少。

因此,对这一领域的研究具有相当的价值。本书拟从这两方面入手,对终极产权与利益侵占的关系进行分析,力图能对相关领域研究有所贡献。

第3章 制度环境与利益侵占

这一章主要对中国资本市场的相关制度环境进行介绍,主要包括中国证券市场发展中的制度演变和中国投资者权益保护情况,特别是上述制度存在的缺陷以及这些制度性缺陷对上市公司行为所产生的影响等三个方面。上述制度环境构成了本书后续研究设计和经验分析的现实基础。

3.1 中国证券市场的发展与功能扭曲

中国证券市场的诞生有着特殊的时代背景,与国有企业改革密不可分,可以说,中国证券市场是随着国有企业改革的深入才应运而生的。因此,对中国证券市场的讨论不可避免地涉及对中国国有企业改革情况进行考察。

3.1.1 中国证券市场诞生的背景:国有企业改革与融资体制转变

国有企业在中国经济领域占有至关重要的地位,但是在改革开放早期,国有企业的生存和发展面临着极大的困境,国有企业亏损加剧、盈利能力显著下降,负债率快速攀升、居高不下,国有企业承担着沉重的政策性负担和社会性负担。为此,中国先后对国有企业开展了放权让利、承包经营责任制、股份制等方面的改革,试图通过一系列的改革来恢复和增强国有企业的活力。①

作为早期采取的改革措施,放权让利和承包经营责任制侧重于经营管理层面的改革,其基本目标是在不改变国有企业制度基本框架的前提下,"搞好搞活"企业。1979 年国务院发布《关于扩大国营工业企业经营自主权的若干规定》《关于国营企业实行利润留成的规定》等文件,向全国推广扩大企业自主权和实施利润留成的改革措施。到 1980 年,"放权让利"已经在占全国预算内工业产值 60%、利润 70%的 6 600 家国有大中型企业中实施。放权让利式的改革改进了微观层次的企业激励,一定程度地调动了企业的积极性。在改革的初期,企业表现出很大的增产增收积极性。但是,放权让利过程中一再出现所谓"权力截留"现象,即中央政府规定应下放给企业的权力,被地方政府或主管部门所控制。与不断扩大的非国有企业相比,国有企业表面上自主权始终不充分。另一方面,伴随着放权让利改革的进行,整个经济的市场化进程滞后于微观企业激励机制的改革,计划机制仍广泛发挥作用,国民经济的价格体系扭曲,价格"双轨制"广泛存在。这种情况下国有企业的利润水平并不反映企业的经营状况,于是国家就无法准确评价国有企业的实际绩效,进而国家从放权让利改革中所得的份额日渐下降(CCER 发展战略研究组,2004)。②

扩大企业自主权的改革并没有取得预期的成功,当时主流的意见是认为放权让利不足,主张将农村改革的"承包经营"方式引入工业企业,实行企业承包。1986 年,国务院提出要推行多种形式的经营承包责任制,给经营者以充分的经营自主权,1987 年掀起了企业承包的高潮。到1987 年底,全国预算内全民所有制企业 78%实行了承包制。应当说,承包经营责任制是宏观市场环境发育不全条件下推进改革的一个"次优选择"。在 1987 年至 1992 年间,承包经营责任制构成了国有企业改革的

---

① 林毅夫等对中国转型期国有企业困境与改革进行了详细的研究,本节部分参考了其研究成果。参见 CCER 发展战略研究组.中国国有企业改革的回顾与展望[R].工作论文(NO.C2000006),2004.

② CCER 发展战略研究组.中国国有企业改革的回顾与展望[R].工作论文(NO.C2000006),2004.

主要内容。承包制的推行是为了保证国家财政收入的增长。但是,承包制要真正达到政府的政策意图,有赖于一个良好的政策环境。承包制合同的确定是企业与主管部门的"一对一"的谈判。这种"一对一"的谈判中,国有企业拥有优势信息,这必然导致企业在与国家的讨价还价中,争取有利于企业的条件。承包合同的履行过程中,出现了两方面的问题。一是承包期内的短期行为,二是负盈不负亏。承包制决定了经营者的收益只与其承包期内的企业绩效相关,这样,现实中不少企业为了完成上缴任务,往往采用拼设备的办法,掠夺性地利用资源。实际承包合同的兑现时也往往是负盈不负亏(CCER 发展战略研究组,2004)。[①] 由于承包制所暴露出的问题,到 20 世纪 90 年代初,除了极少数例外,学术界和实务界都不再认为企业承包制是我国国有企业改革的有效方式。

在这种情况下,普遍的观点认为国有企业的改革仅仅局限于放权让利是不够的,必须进行根本性的制度创新,这种制度创新在经过反复争论以后基本达成共识,那就是国有企业要建立现代企业制度,这种现代企业制度就是股份公司制。1986 年 12 月,国务院发布了《关于深化企业改革增强企业活力的若干规定》,指出"各地可以选择少数有条件的全民所有制大中型企业,进行股份制试点"。全国的一些省市随即开始挑选一些国有大中型企业进行股份制改革。1991 年底,大约有 3 220 家成为"试点股份公司"。1992 年上半年,为积极搞好股份制试点,国务院先后制定了《股份制企业试点办法》、《股份有限公司规范意见》、《有限责任公司规范意见》、《股份制试点企业会计制度》等部法规,改变了股份制试点缺乏统一的全国性法规的状况,推进了股份制试点的全面开展。随着股份制试点的开展,与之相应的证券交易市场也开始出现。1996 年底,大约 5 800 家国有工业企业完成公司化改造,其中一部分已经在证券交易所上市。[②]

在国有企业改革的同时,国有企业融资体制也发生了相应的改变,大致可以划分为三个阶段,即财政主导型融资阶段、银行主导型融资阶段以

---

① CCER 发展战略研究组. 中国国有企业改革的回顾与展望[R]. 工作论文(NO. C2000006),
　　2004.
② 张维迎. 企业理论与中国企业改革[M]. 北京:北京大学出版社,1999.

及引入证券市场融资方式阶段(王力军,2007[①])。

财政主导型融资体制的总体特点是:国家主要依靠财政收入以低廉或者无偿的方式直接进行社会资金的集中和分配,企业的股东资金和日常经营所需要的流动资金,主要依靠财政资金来支持。财政系统成为资金运动的主动脉,信用融资活动受到抑制,银行业务完全听命于计划和财政部门的安排,并成为财政部门的出纳。企业是政府的附属单位,企业的财务收支完全受政府预算控制,国家包揽了企业的全部资金供给。这种融资体制与计划经济一脉相承,导致了资金的粗放型使用。由于企业可以无偿使用国家资金,企业对投资效果可以不负任何经济责任,企业效率具有总产值最大化效应和反创新效应(高明华,1999[②]),结果造成了资金的大量浪费和资金使用效率的低下。这些都表现为企业的大量亏损、国有经济对国家财政贡献的日益缩小和财政的不堪重负。例如,国有经济对国家财政收入的贡献由 1978 年的 86.98%,下降为 1995 年的 71.14%,下降了 15.84%(图 3-1)。有关研究表明,20 世纪 80 年

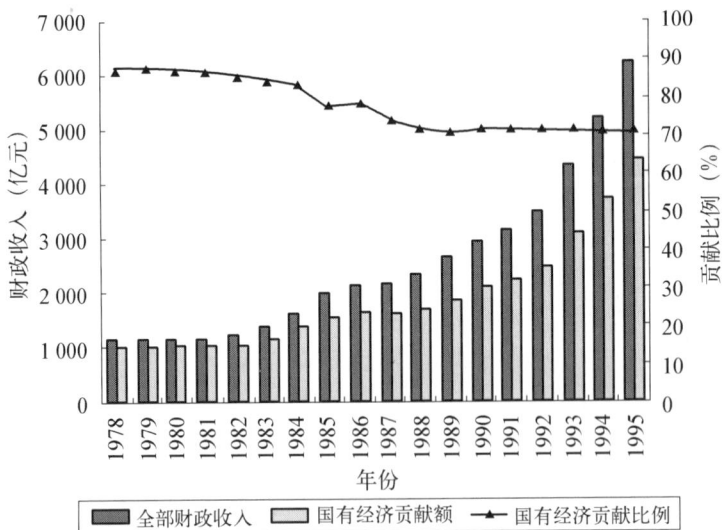

图 3-1 国有经济对国家财政的贡献

资料来源:CCER 发展战略研究组,2004。

---

① 王力军.上市公司代理问题、投资者保护与公司价值[M].北京:经济科学出版社,2007.
② 高明华.权利配置与企业效率[M].北京:中国经济出版社,1999.

代中期以来财政为企业支付的企业亏损补贴(企业应交财政而未上缴的部分收入)居高不下(CCER 发展战略研究组,2004)。如果考虑到国家对国有企业的补贴和再投资,那么国有企业对国家财政的贡献就更小了。从表 3-1 可以看出,国家财政每年仅"增拨企业流动资金"与"挖潜改造资金和科技三项费用"两项,就占全部国有企业(含国有金融类企业)上缴给国家财政的利税总额的 10% 甚至更多。如果再扣除财政用于企业基本建设的投资,那么,国有企业对于国家财政的贡献就更小了。

表 3-1　全部国有企业实现利润和税金以及国家财政用于企业的部分支出

(亿元)

年　份	合　计	其中: 实现利润	税　金	国家财政支出 中增拨的企业 流动资金	国家财政用于 挖潜改造和 科技三项费用
1978	1 064.8	733.5	331.3	66.60	63.24
1979	1 064.3	706.1	358.2	52.05	71.79
1980	1 051.6	669.2	382.4	36.71	80.45
1981	1 050.8	643.1	407.7	22.84	65.30
1982	1 070.3	631.5	438.8	23.63	69.02
1983	1 152.0	696.5	455.5	12.89	78.71
1984	1 303.6	788.9	514.7	9.96	111.77
1985	1 693.7	998.8	694.9	14.30	103.42
1986	1 540.3	795.1	745.2	9.94	129.85
1987	1 946.6	981.5	965.1	12.06	124.93
1988	2 215.5	1 164.9	1 050.6	9.59	151.01
1989	2 233.5	1 001.2	1 232.3	12.09	146.30
1990	1 722.5	491.5	1 231.0	10.90	153.91
1991	2 137.4	744.5	1 392.9	13.08	180.81
1992	2 510.6	955.2	1 555.4	10.63	223.62
1993	3 643.1	1 667.3	1 975.8	18.48	421.38
1994	3 844.3	1 608.0	2 236.3	17.33	415.13

年　份	合　计	其中： 实现利润	税　金	国家财政支出 中增拨的企业 流动资金	国家财政用于 挖潜改造和 科技三项费用
1995	4 182.4	1 470.2	2 712.2	34.80	494.45
1996	3 793.1	876.7	2 916.4	42.93	523.02
1997	3 675.0	539.8	3 135.2	52.20	643.20

资料来源：CCER 发展战略研究组，2004。

　　与此同时,国家财政能力呈明显的下降趋势。反映国家财政能力的最主要指标有两个：一是国家财政收入占 GDP 的比重；二是中央财政收入占 GDP 的比重。通过这两个指标,我们可以看出国家财政能力在转型过程中处于不断下降的地位(见表3－2)。比如,1978 年国家财政收入(不含债务收入)占 GDP 的比重高达 31.24％,到 1993 年下降到 12.56％的最低点,以中央财政收入占 GDP 比重表示的国家财政能力也显示了相同的趋势,财政已经不可能再为孱弱的国有企业提供无偿的援助了。

表 3－2　持续下降的财政能力

单位：％

年份	国家财政收入 (不含债务收入)/GDP	国家财政收入 (含债务收入)/GDP	中央财政收入 (不含债务收入)/GDP
1978	31.24	31.24	4.85
1979	28.39	29.26	5.73
1980	25.67	26.63	6.30
1981	24.18	26.68	6.40
1982	22.90	24.48	6.55
1983	23.03	24.37	8.26
1984	22.91	23.99	9.28
1985	22.36	23.36	8.59
1986	20.80	22.15	7.63
1987	18.39	20.25	6.15

续 表

年份	国家财政收入 (不含债务收入)/GDP	国家财政收入 (含债务收入)/GDP	中央财政收入 (不含债务收入)/GDP
1988	15.79	17.60	5.19
1989	15.76	18.17	4.86
1990	15.84	17.86	5.35
1991	14.57	16.70	4.34
1992	13.08	15.59	3.68
1993	12.56	14.69	2.76

资料来源：张剑宇(2007)。[1]

随着改革的继续,一方面国家财政能力不断下降,另一方面国有企业亏损仍然比较严重,既有的财政主导型融资体制不堪重负。随着居民可支配收入的增加,银行存款总量不断上升(见表 3 - 3),国家对国有企业的资金支持从财政拨款转为银行贷款,即所谓的"拨改贷"[2]。1984 年 12 月,国家计委、财政部、中国建设银行联合下达了《关于国家预算内基本建设投资全部由拨款改为贷款的暂行规定》,决定从 1985 年起,除了科研、学校、行政单位等没有还款能力的基建投资仍然由财政拨款外,其他所有由国家预算安排的具有偿还能力的基建投资,全部由财政拨款改为银行贷款。实施"拨改贷"措施之后,国有企业的资产负债率迅速攀升。1980 年国有企业总资产负债率为 18.7%,流动资产负债率为 48.7%;1993 年国有企业总资产负债率上升至 67.5%,流动资产负债率则高达 96.6%;1997 年国有企业总资产负债率为 64.5%,流动资产负债率则超过 100%。[3]

---

[1]　张剑宇.中国银行业改革的财政成本[M].北京:中国金融出版社,2007.

[2]　对于"拨改贷",有一种观点认为将国有产权变为国有债权,有助于解决"政企不分"的问题。其理论依据是,国家以外的主体,能比国家更有效地监督企业;股权转债权之后,国家无须花费成本去监督企业,因为债务约束比股权约束更硬,国家可享受无风险的债息。企业经营的风险,进而对企业的监督职能,由国家以外的私人主体承担(张维迎,1999)。

[3]　李维安.现代公司治理研究——资本结构、公司治理和国有企业股份制改造[M].北京:中国人民大学出版社,2003.

表3-3　不断上升的国有银行存贷款水平

单位：%

年份	国有银行存款/GDP	国有银行贷款/GDP	国有银行存贷款/GDP
1978	40	52	92
1979	40	51	91
1980	43	55	98
1981	44	58	102
1982	45	58	103
1983	48	59	107
1984	52	65	117
1985	47	66	113
1986	55	77	132
1987	56	76	132
1988	51	70	121
1989	54	73	127
1990	62	79	141
1991	69	83	152
1992	73	82	155
1993	67	76	143
1994	67	69	136
1995	70	67	137
1996	74	68	142
1997	81	76	157
1998	89	79	168

资料来源：张剑宇(2007)①。

但是，由于国有企业机制转变以及国有银行改革的滞后，这种银行主导型的债务融资方式并没有硬化预算约束(高明华和蔡卫星，2008②)。当

---

① 张剑宇.中国银行业改革的财政成本[M].北京：中国金融出版社，2007.
② 高明华，蔡卫星.债务融资、公司绩效与国有银行改革[J].产业经济评论，2008(7).

国有企业发生亏损或经营困难时,国家由传统的财政拨款直接支持改为间接地由银行的低息贷款来支持,国有企业贷了款后经营状况没有改善,向银行借的款越来越多,负债的比率也就越来越高。而预算软约束的根源是政策性负担。在不消除政策性负担的情况下,信息不对称和激励不相容的问题无法解决,任何国有企业的改革措施,包括债转股,都难于收到预期的效果(CCER 发展战略研究组,2004①)。其结果是国有企业欠款越来越多,以致无力还本付息,很大部分成为银行的呆账坏账。国有企业过高的资产负债率和国有银行远远超过世界平均水平的呆账坏账比例就是这个问题的生动反映(见表 3-4)。

表 3-4　国有商业银行的不良贷款情况

	账面不良贷款情况		按五级分类标准调整后的不良贷款情况		提出政策性剥离因素后的不良贷款情况	
	余额(亿元)	比率(%)	余额(亿元)	比率(%)	余额(亿元)	比率(%)
1994	6 371	20.0	7 964	25.0	7 964	25.0
1995	8 597	22.0	10 551	27.0	10 551	27.0
1996	11 575	24.4	13 947	19.4	13 947	19.4
1997	14 280	27.0	16 924	32.0	16 924	32.0
1998	21 453	35.0	24 518	40.0	24 518	40.0
1999	25 027	39.0	28 236	44.0	28 236	44.0
2000	19 522	29.2	22 867	34.2	36 867	55.1

资料来源:施华强(2004)。②

在这种背景下,迫切需要一个新的融资渠道来缓解国有银行背负的沉重负担,同时继续担负起为国有企业筹集资金的重任;而现代企业制度形式,即股份制改造之后的国有企业需要一个证券市场来发行和流通股份,两方面的客观原因推动了我国证券市场的诞生。

---

① CCER 发展战略研究组.中国国有企业改革的回顾与展望[R].工作论文(NO.C2000006),2004.

② 施华强.国有商业银行账面不良贷款、调整因素和严重程度:1994~2004[J].金融研究,2005(12).

1990 年,国务院和国家体改委发布文件,将证券交易市场限定在上海、深圳及国有企业范围内。1990 年 12 月 1 日,深圳证券交易所试运行。1990 年 12 月 19 日,上海证券交易所成立。证券交易所的成立标志着我国上市公司正式产生。1992 年底,国务院决定成立国务院证券委员会和中国证券监督管理委员会,统一监管全国的证券市场,并把发行股票的试点从上海、深圳等少数地区推广到全国。1992 年 12 月 17 日,国务院在《关于进一步加强证券市场宏观管理的通知》中明确规定,各省、自治区、直辖市及计划单列市和国务院有关部门可在国家下达的规模内,选择一两个经过批准的股份制企业,进行公开发行股票的试点。这标志着上市公司试点由局部范围扩展到全国范围,随后上市公司的数量迅速增加。

政策制定者将证券市场的主要功能定位在为国有企业改制和融资服务。国家体改委在 1992 年发布的《股份有限公司规范意见》中规定:公司化仅限于国有部门,发起人必须是国有部门的中国法人,私人和一切非国有机构均被排除在外。证券市场这种明显的所有制歧视和为国有企业融资解困服务的政策意图在有关部门的文件中反复出现,例如中国证监会《关于做好 1997 年股票发行工作的通知》要求:"为利用股票市场促进国有企业的改革和发展,1997 年股票发行将重点支持关于国民经济命脉、具有经济规模、处于行业排头兵地位的国有大中型企业。各地、各部门在选择企业时,要优先推选符合发行上市条件的国家确定的 1 000 家重点国有企业、120 家企业集团以及 100 家现代企业制度试点企业,特别要优先鼓励和支持优势国有企业通过发行股票收购兼并有发展前景但目前还亏损的企业,实现资产优化组合,增强企业实力。"

3.1.2 证券发行制度演变与上市管制

为了实现为国有企业改制和融资服务这一政策意图,管理层建立了相应的具体制度和程序,其中最重要的制度就是股票发行制度。但是,管理层对这一作用的过度强调使得中国证券市场发生了严重的功能扭曲,市场经济国家中证券市场优化资源配置的基本功能反而没有得到应有的重视,上市公司通过股权融资在中国证券市场大肆圈钱。

从全球范围看,证券发行审核制度主要有注册制和核准制两种。注册制是指证券监管机构公布发行上市的必要条件,企业只要符合所公布的条件即可发行上市。发行人在发行证券之前,必须按照有关规定向证券监管机构申请注册。发行人必须披露发行人自身及与证券发行有关的一切信息,并保证所披露信息的真实、准确和完整。如果发行人符合上述要求,就可公开发行证券。核准制是指发行人发行证券必须获得证券监管机构或者证券交易所的核准。核准制下,公司发行证券需要满足两个条件:一是与注册制相同,需要公开披露所有相关信息;二是还要符合有关法律和证券监管机构规定的实质条件。我国股票发行体制经历了从审批制到核准制的变化。一般认为,在 2001 年以前,股票公开发行采取的是审批制,2001 年开始实行的是核准制。①

根据管理方式的不同,审批制又可以分为两个阶段:"额度管理"阶段和"指标管理"阶段。

(1)"额度管理"阶段(1993 年至 1995 年)。1993 年,国务院证券管理部门根据国民经济发展需求及资本市场实际情况,提出"总量控制,划分额度"的做法,证券管理部门根据有关部门及地方政府提出的计划,结合各个行政区域和行业在国民经济发展中的地位和需要,进一步分配总额度,然后由国家计委会同证券管理部门分地区、分部门下达规模指标,再由省级政府或行业主管部门来选择和确定可以发行股票的企业主要是国有企业。在这个阶段共确定了 105 亿股发行额度,分两次下达,1993 年下达 50 亿股、1995 年下达 55 亿股,由省级政府或行业主管部门给选定的企业书面下达发行额度。这一阶段共有 200 多家企业发行,筹资 400 多亿元。

(2)"指标管理"阶段(1996 年至 2000 年)。1996 年 12 月 26 日,中国证监会要求新股发行采取"总量控制,限报家数"的做法,由证券管理部门确定在一定时期内应发行上市的企业家数,然后向省级政府和行业管理部

---

① 有关证券发行制度的介绍参见尚福林(2005),转引自邓建平.股份制改造、公司治理与效率[D].电子科技大学,2007.

门下达股票发行家数指标,省级政府或行业管理部门在上述指标内推荐预选企业,证券主管部门对符合条件的预选企业同意其上报发行股票正式申报材料并审核。对于预选上市的企业,证监会特别指出要优先考虑国家确定的1 000家特别是其中的300家重点企业,以及100家全国现代企业制度试点企业和56家企业集团。在产业政策方面,重点支持农业、能源、交通、通讯、重要原材料等基础产业和高新技术产业,主要是推荐经济效益好,主业突出,发展潜力大,在行业中处于领先地位的企业发行股票并上市。"总量控制、限报家数"强调了上市的企业数量而非额度。1996年、1997年分别确定了150亿股和300亿股的发行量。这一阶段共有700多家企业发行,筹资4 000多亿元。1999年7月1日开始实施《证券法》之后,虽然不再确定发行指标,但1997年指标的有效性一直持续到2001年。

2001年以后中国实行的是核准制,根据具体方式不同,又可以分为"通道制"阶段和"保荐制"阶段。

(3)"通道制"阶段(2001年至2004年)。我国于2001年3月实行了核准制下的"通道制",也就是向各综合类券商下达可推荐拟公开发行股票的企业家数。监管机构根据券商的不同,赋予了每个券商不同数量的上报通道,在发行总量和可能发行的总量上进行控制。通道制下股票发行"指标管理"的特点未变,但原来完全行政手段的推荐改为券商推荐,市场化进程向前迈了一步。监管机构出台了一系列的法规或规章文件,制定了股票发行上市的标准和条件,券商根据自己的判断选择企业、推荐企业,监管机构对上报文件进行审核。

(4)"保荐制"阶段(2004年10月以后)。保荐制的全称是保荐代表人制度,保荐人券商负责发行人的上市推荐和辅导,核实公司发行文件中所载资料的真实、准确和完整,协助发行人建立严格的信息披露制度,不仅承担上市后持续督导的责任,还将责任落实到个人。通俗地讲,就是让券商和责任人对其承销发行的股票,负有一定的持续性连带担保责任。与通道制相比较,保荐制增加了由保荐人承担发行上市过程中的连带责任,这是该制度设计的初衷和核心内容。

审批制具有明显的计划经济痕迹,实行计划指标管理,特点是额度管制下采用行政办法推荐发行人,由监管机构进行审核,审核通过,由监管机构发文"批准"发行。审批制实行两级审批先报地方政府或企业主管部门初审,再报监管机构复审。现行核准制存在的弊端主要是现行的股票发行核准制并没有走出以往审批制的窠臼,体现在证监会控制公司上市家数、券商受通道制的限制、只能"限报家数"和发行上市的排序上。在这种情况下,能够通过层层审批的,多数是国有企业。同时,为了让国有上市公司在发行新股时有较高的价格,以便筹集到更多的资金,管理当局除了不时发表鼓励性言论,实行"政策托市"外,还通过"限制股市扩容"、"组织各种资金入市"等多种手段来调控市场。

3.1.3　从中国上市公司的融资结构看证券市场的功能扭曲

正如本章前面所谈到的,与国外证券市场不同,中国证券市场发展与国有企业改革之间的紧密联系使得证券市场在诞生之初就具有强烈的工具功能,即证券市场是推进国有企业改革、实现国有企业解困目标的重要工具。中国建立证券市场的出发点之一就是为国有企业改革服务,把发行股票作为解决国有企业困难特别是资金缺乏的途径,同时通过上市改组国有企业以建立现代企业制度,解决国有企业的一些制度性问题。因此,管理层认为国有企业通过股份制改造实现上市,既能在不触及企业存量国有资产产权的前提下通过吸纳股市资金解决国有企业长期发展所需要的资本金严重不足的问题,又能够促进国有企业转机换制、优化公司治理。管理层对这一作用的过度强调使得中国证券市场发生了严重的功能扭曲,市场经济国家中证券市场的企业融资与优化资源配置的基本功能反而没有得到应有的重视。黄速建(2004)指出,由于受到来自多种利益相关者的利益驱动,企业上市融资渐渐演变成为 20 世纪 90 年代国有企业深化改革时首当其冲的目标和举措。[①] 其结果是证券市场作为优化资源配置场所的功能并没有实现,证券市场的基本功能被严重扭曲。

---

① 　黄速建.国有存续企业改革:问题与建议[J].经济管理,2004(15).

学术界对国外公司融资行为的研究发现,公司融资顺序遵循啄食原则(the pecking order),即公司融资方式的选择顺序应是:先内源融资(即留存收益),其次是外部债务融资,最后才是外部股权融资(Mayers & Majluf,1984[1])。但是对中国上市公司融资方式的研究发现,中国上市公司的融资顺序与现代融资结构理论的啄食顺序原则存在明显的冲突,中国上市公司存在强烈的股权融资偏好,相对忽视债务融资(黄少安和张岗,2001[2])。中国上市公司的股权融资偏好突出表现为:符合股权再融资条件的上市公司大多不会放弃再融资的机会,不符合股权再融资条件的上市公司也会创造条件进行股权再融资;在上市公司融资结构中,股权再融资所占比重较大。分析历年融资结构,各年度股权融资比重均大于债权融资。股权再融资规模几乎与IPO规模相当,以2007年为例,全年股权再融资额3 132.37亿元,IPO规模为4 685.92亿元。可见,股权再融资已成为上市公司重要的资金来源渠道(见表3-5)。

表3-5 1993~2007年股权融资与债权融资的比较

单位:亿元

年 份	股票筹资额	债权发行额
1993	314.54	235.84
1994	138.05	161.75
1995	118.86	300.80
1996	341.52	268.92
1997	933.82	255.23
1998	803.57	147.89
1999	897.36	158.20
2000	1 541.02	83.00
2001	1 182.13	147.00

---

[1] Stewart C. Myers, Majluf Nicholas S.. Corporate Financing and Investment Decisions When Firms Have Information That Investors Do Not Have[J]. *Journal of Financial Economies*, 1984(13).

[2] 黄少安,张岗.中国上市公司股权融资偏好分析[J].经济研究,2004(11).

续　表

年　份	股票筹资额	债权发行额
2002	779.75	325.00
2003	823.10	358.00
2004	862.67	327.00
2005	338.13	654.00
2006	5 594.30	1 015.00
2007	8 431.86	1 709.35

资料来源：中国证监会网站。

但是,由于制度的扭曲和低水平的公司治理,上市公司从证券市场筹集来的资金并没有得到有效的运用。李维安等(2003)[①]发现,上市公司首次出现亏损距其上市日平均间隔为 34.97 个月,即不到三年时间,我国上市公司确实如市场所言存在着"一年绩优、二年绩平、三年绩差、四年绩亏"的现象(于东智,2003[②])。大量已有研究表明,股权再融资后的上市公司绩效普遍出现下滑(见表 3-6)。

表 3-6　上市公司增配股前后绩效比较

增配股年份	样本类型	净资产收益率(%)					增配后平均净资产收益率相对于增配前的增长率(%)
		增配股前一年	增配股当年	增配股后第一年	增配股后第二年	增配股后第三年	
2002	增配样本	13.52	8.10	7.64	8.36	6.91	−42.83
	A 股平均	5.35	5.65	7.37	9.12	8.19	41.73
2003	增配样本	10.94	6.36	2.68	4.17	6.13	−55.80
	A 股平均	5.65	7.37	9.12	8.19	10.18	54.25
2004	增配样本	14.66	10.66	6.54	6.98	0.69	−57.59
	A 股平均	7.37	9.12	8.19	10.18	7.17	17.57

资料来源：杨锦霞(2008)。[③]

[①]　李维安.现代公司治理研究——资本结构、公司治理和国有企业股份制改造[M].北京：中国人民大学出版社,2003.

[②]　于东智.资本结构、债权治理与公司绩效：一项经验分析[J].中国工业经济,2003(1).

[③]　杨锦霞.我国上市公司股权再融资偏好和绩效研究[D].苏州大学,2008.

以上分析表明,低效率的制度结构和低水平的上市公司治理损害到中国证券市场的长远发展,中国证券市场存在着严重的功能扭曲,已经沦为了上市公司的融资工具。正是在这个意义上,公众普遍认为中国上市公司存在着股权融资偏好所表现出来的"圈钱综合症"。尽管我国上市公司偏好股权融资是现实条件下的"理性"选择,但这种"理性"选择导致的却是社会资源的低效配置和股市出现的信心危机,因此必须加以规范治理,完善上市公司的融资结构,改变这种社会资源配置低效的非正常现象。

3.2 中国证券市场的投资者权益保护水平

在投资者权益保护方面,世界各国和地区的共同经验是完善相关立法并建立相应的法律实施机制。在投资者权益法律保护方面,皮斯托等人(1999)[1]认为,投资者法律保护由有关法律的条文和法律的实施共同构成。与此类似,拉波塔等(La Porta et al., 1998)区分了法律权力本身和法律实施质量,认为如果说法律权利本身与经济发展水平无关,那么法律实施的质量通常会随着收入水平的上升而迅速提高。因此可以说,低水平的经济发展阶段对应于低水平的法律保护程度。皮斯托等人(1999)则通过对转轨经济的研究进一步发现,法律条文的改进再大,也不足以使公司治理环境发生显著的变化。他们认为,法律条文与法律实施共同构成影响公司治理结构的主要因素。

作为一个发展历程不足 20 年的新兴市场,中国资本市场对投资者的法律保护力度在近年来不断加强:《证券法》《公司法》等基础法律相继颁布实施,建立了集中的证券监管机构——中国证监会,出台了一系列相关治理准则、会计准则等,强化了信息披露标准,等等。但是从整体上看,投资者权益保护的法制环境依然不能令人满意,与发达国家和地区相比,还

---

[1] Pistor K, M Raiser, S Gelfer. Law and Finance in Transition Economies[R]. EBRD Working
    Paper No. 49, 1999.

存在许多亟待进一步完善的地方。

　　投资者的积极参与是证券市场赖以发展的根本,然而证券市场的特征使得投资者权益极其容易受到侵害。因此,世界各国和地区纷纷通过立法等方式来保护投资者权益,将投资者利益保护明确为其立法宗旨并通过建立相应的配套机制来予以完善。例如美国《证券交易法》第二条规定就明确提出对证券投资者权益的保护;美国《证券投资者权益保护法》并据此设立证券投资者保障公司(SIPC)。英国《金融服务和市场法令》则在全面实施保障投资者利益的同时,更将保障投资者与维持金融市场的国际竞争地位挂钩。中国台湾也在《证券交易法》中明确提出保障投资者权益,并参考美国经验于 2002 年公布了《证券投资者和期货交易人保护法》,仿照美国设立了专门的投资者权益保护机构。

　　中国保护投资者法律法规体系由国家法律、行政法规和部门规章三部分组成,其中《公司法》、《证券法》和修订后的《刑法》是保护投资者利益的基本法律。以《公司法》和《证券法》的实施为界,中国中小投资者权益保护法律的发展历程大致分为三个阶段:初始阶段(1994 年 7 月以前)、发展阶段(1994 年 7 月至 1999 年 7 月)和完善阶段(1999 年 7 月以后)(栾天虹,2006)。① 初始阶段有关中小投资者法律保护的条款往往仅具有原则性,可操作性较差,尚未能够对中小投资者进行依法保护。在发展阶段,《公司法》的生效代表着中国中小投资者法律保护开始进入有法可依的阶段,《证券法》的施行则将我国以往的中小投资者法律保护的经验和做法以法律的形式予以肯定。在完善阶段,国家相继颁布了一系列法律法规,对于保护投资者特别是社会公众投资者的合法权益给予了空前的关注,进一步推动了保护中小投资者的法律法规体系的不断完善。

　　但是,在法律体系不断完善的同时,中国的法律执行力度却令人担忧。法律执行能力的重要性在于,得不到执行的法律并非真正的法律,从某种意义上说,执法不严比无法可依更为糟糕。反过来,一个强有力的法律法规执行制度在某种程度上可以替代虚弱的法律法规(La Porta et al.,

---

① 栾天虹.投资者法律保护的理论与实证研究[M].浙江:浙江大学出版社,2006.

1998;沈艺峰等,2004①)。正如美国证券交易委员会主席考克斯2005年10月15日在北京接受记者采访时所说的那样:"中国《证券法》的重点不在于法律有多正确,而在于执行法律的力度。"执行力度的增强,既能对违法者进行惩罚,又能为受害者提供保护,还能对潜在违法者产生威慑。因此,对中国投资者法律保护状况的考察必须综合考虑法律执行状况。栾天虹(2006)的研究发现,虽然中国文本上投资者法律保护状况处于中等水平,但较高的投资者权利指标得分是不可靠的,在中国,投资者的法律权力只有规定,而没有得到很好的执行。从整体上判断,中国的投资者法律保护状况处于世界较低水平(见表3-7)。

表3-7 中国投资者法律保护与LLSV样本国家的比较

指标＼法系	英美法系	法国法系	德国法系	斯堪的纳维亚法系	LLSV样本平均	中国
A栏：股东权利						
邮寄投票	0.39	0.05	0	0.25	0.18	0
股票的无障碍出售权	1	0.57	0.17	1	0.71	0
可累积投票制	0.28	0.29	0.30	0	0.27	0
受压小股东机制	0.94	0.29	0.50	0	0.53	1
优先购买权	0.44	0.62	0.33	0.75	0.53	1
召开临时股东大会的权利	0.09	0.15	0.05	0.10	0.11	0.10
防董事权利指数*	4(94%)#	2.33(45%)#	3(33%)#	3(75%)#	3(65%)#	3
一股一权制	0.17	0.29	0.33	0	0.22	1
强制分红	0	0.11	0	0	0.05	0
B栏：债权人权利						
不得自动扣押抵押品	0.72	0.26	0.67	0.25	0.49	0
优先支付有抵押的债权人	0.89	0.65	1	1	0.81	0
对进入重组的限制	0.72	0.42	0.33	0.75	0.55	1

① 沈艺峰,许年行,杨熠.我国中小投资者法律保护历史实践的实证检验[J].经济研究,2004(9).

续　表

指标 ＼ 法系	英美法系	法国法系	德国法系	斯堪的纳维亚法系	LLSV 样本平均	中国
管理层不得参与重组	0.78	0.26	0.33	0	0.45	1
债权人权利指数*	3.11 (78%)♯	1.58 (53%)♯	2.33 (83%)♯	2 (75%)♯	2.30 (68%)♯	2
法定储备占总资本的比重	0.01	0.21	0.41	0.16	0.15	0
C栏：法律执行						
司法体系的效率	8.15	6.56	8.54	10	7.67	无
法律规制	6.46	6.05	8.68	10	6.85	5
腐败指数	7.06	5.84	8.03	10	6.90	2
会计标准	69.62	51.17	62.67	74	60.93	无

资料来源：栾天虹(2006)。其中带＊的指标是其前面指标的加总；♯代表在子样本中等于或高于中国指标数值的国家比例。

各国一般都建立了专门的证券监管机构,独立对证券市场实施监督,例如美国证券交易委员会(SEC)等。中国在 1992 年设立了中国证监会。为了保障证券监管机构的有效监管,各国一般都赋予其相应的监管权力。但是,与美国证券交易委员会(SEC)相比,中国证券监管机构缺乏足够的权力对证券市场实施强有力的监管(见表 3-8)。

表 3-8　美国 SEC 与中国 CRSC 拥有的权力对比

权力项目	SEC	CSRC
第一项：对非法行为的调查权	SEC 对被申诉的违法行为拥有签发调查令、授权调查人员调取证据的权力。有权要求证人发誓作证,如果证人和被调查人员拒绝配合,SEC 可以向法院申请通过有关程序强迫证人提供证据。法院可以对 SEC 的申请做出判断,给予支持或不支持。SEC 的调查结果导致对是否违法做出判断,对违法行为提起民事诉讼或者建议司法部提起民事诉讼。	CRSC 拥有对违法行为进行调查的权力。对权力范围和方式做了界定。
第二项：签发禁止令与附带补救措施权	SEC 对于注册人员的违纪行为和违法行为,可以采取签发禁止令的方式予以制止,而不需要通过行政程序。对于已发现的违法犯罪行为有权签发临时性或永久性的禁止令。	法律没有明确规定 CSRC 拥有颁发禁止令的权力。

权力项目	SEC	CSRC
第三项：民事罚款权	SEC拥有对进行内幕交易人员处以3倍以内的非法收益的民事罚款权力。	CRSC拥有行政罚款权,但是没有民事罚款权。
第四项：决定和命令	SEC对于有关违反证券交易法的行为经过听证以后,可以根据有关规定颁布其决定和禁止命令。	CRSC拥有相似权力,但无详细规定。
第五项：停止违法行为令	SEC可以根据证券交易法授权签发停止违法行为令,它适用于违反美国证券交易法和证券法的任何条款的当事人。该项权力的行使属于一种行政性措施。如果当事人拒绝执行SEC的命令,SEC可以向法院申请执行。进入执行程序后,对该停止令的每一个单独的违反都构成一个新的犯罪。	CRSC没有明确授权。
第六项：对经纪人或交易商、投资公司或投资顾问的行政权力	SEC有权对违法交易商、全国性证券交易所、投资顾问机构举行听证;有责任对全国性证券交易所进行监管,决定暂停或撤销某一证券交易所;有权将某一违法经纪人或交易商逐出某一全国性证券交易所;有权暂停或撤销某一协会的登记;有权决定禁止某人从事证券业务。	CRSC拥有部分权力,但是不够明确具体。
第七项：谴责权	对特定事项,经SEC调查确认,并给予当事人听证机会后,SEC可以谴责当事人,并根据情况暂停或永久停止当事人从事证券业务。	CRSC拥有相似权力,但规定不明确。
第八项：接受注册和行政诉讼权	SEC接受的注册主要有：证券、证券发行人、经纪商或券商、证交所、证券业协会。行政诉讼由SEC组织开展,并由其行政法官主持。被告有权当场辩论,不服者可以向联邦法院提起上诉。	CRSC拥有相应机构的注册核准权。CRSC拥有行政诉讼权。

资料来源：龙超(2003)。①

综上所述,中国证券市场投资者权益保护的法律环境还存在许多不完善之处,投资者权益保护还处在一个较低水平的状态,这是导致目前中国上市公司控股股东侵占中小股东利益现象普遍化的基础性制度原

---

① 龙超.证券市场监管的经济学分析[M].北京：经济科学出版社,2003.

因。根据法经济学的观点,在法律市场中,当事人对自己的行为有一个理性预期,他根据自己的判断(违法是否合算)决定是遵守法律还是违反法律。如果某人认为,他从事违法行为所产生的预期效用会超过将时间以及其他的资源用于从事另外的活动所带来的效用,当事人便会选择违法(贝克尔,2002①)。如果有某项制度安排,可以使守法者得到鼓励,违法者遭受相应惩罚,从而有足够的激励让人们觉得"守法比违法合算",因此尽可能地不去违反法律或减少违反法律的行为,那么该项制度安排就被认为可以得到有效地实施。从中国证券市场的实际情况来看,目前相关的制度对投资者权益保护还很不到位:一方面对上市公司控股股东侵占中小投资者利益行为的查处概率非常低;另一方面即使被查处,所受到的惩罚也非常轻,这种情况下控股股东所要承担的机会成本是非常低的。作为一个追求自身利益最大化的理性主体,控股股东最有可能做出的选择就是实施侵占,从而导致了控股股东对上市公司利益侵占行为的泛滥。

3.3　制度安排与上市公司利益侵占行为

从制度背景来看,中国证券市场发展过程中存在着严重的功能扭曲,优化资源配置的功能遭到忽视,上市公司沦为融资工具;而从整体上看,投资者权益保护水平依然不能令人满意,与发达国家和地区相比,还存在许多亟待完善的地方。这些不合理的制度安排使得上市公司利益侵占问题不断恶化。

3.3.1　上市模式与利益侵占问题的产生

从上市模式来看,国有企业大多采取股份制改造来满足上市要求,而

---

① ［美］加里·贝克尔.人类行为的经济分析[M].上海:上海三联书店、上海人民出版社,2002.

非国有企业大多采取 IPO 和借壳上市的模式,这些上市模式存在着一些深层次的问题,在一定程度上诱发了利益侵占问题。

(1) 国有企业改造上市模式及其所引发的利益侵占问题

正如本书之前所分析的,中国证券市场是在渐进式改革模式下推行股份制改造的产物,其中大部分上市公司是由原国有企业改制形成。这些原有的国有企业大多存在着较重的政策性负担(Lin et al.,1998[1]),例如为了解决就业问题,国有企业往往把一个工作岗位分给更多人来做,因而存在着不少冗员。尼古拉斯等(Nicholas et al.,1996)[2]认为政策性的压力使得国有企业负担过多的人员就业。同时,由于历史的原因,我国国有企业还存在大量的劣质资产。为了满足上市要求,大多数国有企业采取将冗员、退休员工、劣质资产等从要上市的子公司剥离,由母公司承担起来。这实际上是将国有企业改革所必须直面的各种难点、重点问题集中到存续的控股母公司中,并没有从根本上解决国有企业存在的问题。这种改制模式使得母公司背负着巨大的人员和劣质资产包袱,普遍缺乏持续生存和自我发展能力。而保留大量政策性负担、非经营和劣质资产及富余人员的控股母公司为了解决自身的困难,必然把上市公司当作其掠夺利益的载体。在这种情况下,母公司之所以愿意为子公司承担各种包袱以将其包装上市,其目的绝非简单的为了建立一个合乎现代企业制度规范的股份公司,更重要的目的恐怕是将子公司作为一个融资平台,以"圈钱"为目的,通过种种手段侵占上市公司利益,将利润和资源从上市公司转移到母公司,以满足自身生存和发展的需要。这也是为什么我国证券市场母公司与上市公司之间关联交易特别是非公平关联交易屡禁不绝的主要原因。这方面的案例可以说比比皆是,如猴王股份、大庆联谊、幸福实业和济南轻骑等。[3]

---

[1] J. Lin, F. Cai, Z. Li. Competition, Policy Burdens and State Owned Enterprise Reform[J]. *American Economic Review*, 1998, 88(2).

[2] Nicholas, Boycko M, Shleifer A, Tsukanova N. How Does Privatization Work? Evidence From the Russian Shops[J]. *Journal of Political Economy*, 1996, 104(4).

[3] 本文第七章专门分析了两个侵占上市公司利益的案例。

(2) 非国有控制上市公司增长路径及其所引发的利益侵占问题

尽管非国有控制的上市公司占全部上市公司的比重在当前要远远低于国有控制上市公司的比重①,但非国有控制上市公司的出现时间几乎与中国股市是同步的。1993 年 6 月在上海证交所上市的福耀玻璃、1994 年 1 月上市的东方集团和 1994 年 1 月在深交所上市的万向钱潮是中国证券市场最早的非国有控制上市公司。虽然当时其第一大股东戴着法人的"红帽子",但这并不否认三家上市公司的最终控制人从一开始分别是曹德旺家族、张宏伟家族和鲁冠球家族的事实。②

我国非国有的控制人获得上市公司控制权的增长路径主要包括:直接公开上市(IPO)、股权受让、管理层收购(MBO)。③ 例如天通股份就是通过第一种形式实现上市;九芝堂是通过第二种形式实现从国有控制向非国有控制转变;天目药业是通过第三种形式实现从国有控制向非国有控制转变。

与国有企业相比,中国的非国有企业特别是民营企业普遍受到国有商业银行的"所有制歧视",民营企业贷款申请大多都会出现手续繁琐、条件苛刻、减少贷款额等诸如此类的现象,这种歧视相当于一种"信贷配给"(credit rationing),使为数众多的民营企业无法通过有效途径筹资,患上了严重的"资金饥渴症"。这种资金融通渠道上的困难,使得非国有控制企业集团转而依靠其内部资金市场。非国有控制的上市公司不可避免地会利用其融资优势,承担着集团内部资金提供者的角色。对于采用股权转让形式实现借壳上市的非国有企业而言,由于许多都是以财务性收购为目的,一旦花大价钱完成借壳后,控制股东就会急于套现。因此,以转移资金、利润为目的的利益侵占行为在中国的非国有上市公司中也难以避免。

---

① 2007 年中国 A 股主板上市公司中非国有控制的比重约 30%,其余主要是国有控制上市公司。
② 这些非国有控制上市公司戴帽子的原因在于:在《证券法》实施以前,自然人持有上市公司股份不能超过该公司总股本的 0.5%,因此自然人不可能成为上市公司的直接控制人。1999 年 7 月 1 日起生效的《证券法》取消了自然人的持股限制,并强调所有市场主体的平等性,即自然人和法人一样,也可以成为上市公司的发起人。
③ 苏启林.我国上市公司家族控制、治理框架与政策设计[J].管理世界,2004(4).

3.3.2 低水平的投资者权益保护加剧了利益侵占问题

　　证券市场上存在着严重的信息不对称,上市公司控制人在"委托-代理"模式下的"有限理性"和"机会主义",机构在市场博弈中的优势地位,这些特征决定了投资者权益极易受侵犯、遭践踏。因此,投资者权益保护就显得尤为重要,其直接意义在于控制了内部人对企业价值的剥夺,从而维护了投资者的正当权益。吉诺瓦(Nenova,2003)①的研究发现,法律对小股东利益的保护、对收购的监管以及相应的执法强度等因素可以解释70%控制权私人收益的变化。戴克和津加莱斯(Dyck & Zingales,2002)②的研究表明,保护外部小股东的法律规定和有效的法律执行降低了公司的控制权私人收益。LLSV进一步指出,投资者法律保护直接影响到资本市场规模,并通过资本市场最终影响到实体经济的增长。

　　正如本书之前所指出的,中国证券市场是一个新兴加转轨的市场,发展时间短,保护投资者的相关法律和司法体系不健全,这就决定了对上市公司控制人的法律约束力度是很弱的。而当缺乏有力的外部约束时,上市公司控制人就可以肆无忌惮地掠夺小股东而很少受到法律的惩罚。上市公司控制人的"资金饥渴症"构成了其侵占上市公司利益的动机,而低水平的投资者权益保护则"消除"了其侵占上市公司利益的顾虑,再加上中国上市公司普遍较低的公司治理水平③,使得利益侵占问题进一步恶化。因此,脆弱的司法力量很难保护外部投资者,使得投资者对上市公司的管理层控制缺乏信心,这已经成为转轨经济中的一个常见现象(Berglöf & Pajuste,2003)④。

---

① Tatiana Nenova. The Value of Corporate Voting Rights and Control: A Cross-Country Analysis [J]. *Journal of Financial Economics*, 2003, 68(3).

② Alexander Dyck, Luigi Zingales. Private Benefits of Control: an International Comparison[R]. NBER Working Paper, 8711, 2002.

③ 中国上市公司治理水平不高是一个公认的事实,如成思危在 2009 年第五届上市公司董事会高峰论坛就直接指出:"大部分的上市公司治理都不及格。"

④ Berglöf, A. Pajuste. Emerging Owners, Eclipsing Markets? Corporate Governance in Central and Eastern Europe. in Cornelius and Kogut(eds). *Corporate Governance and Capital Flow in a Global Economy*[M]. Oxford: Oxford University Press, 2003.

3.4　本　章　小　结

作为一个新兴加转轨的经济体,中国的证券市场有其特殊的制度背景。本章主要从历史逻辑的角度对中国证券市场诞生和发展的过程进行了回顾。中国证券市场的诞生有着特殊的时代背景,与国有企业改革密不可分,可以说,中国证券市场是随着国有企业改革的深入才应运而生的。改革开放以来中国国有企业改革大致经历了放权让利、承包经营和建立现代企业制度三个阶段。伴随着改革的进行,国有企业的融资体制也发生了相应的改变,从计划经济时代的财政主导型向银行主导型过渡。但是由于预算软约束的存在,银行融资体制不堪重负。在这种背景下,国有企业股份制改革和新融资渠道的要求共同促成了中国证券市场的诞生。但是,低效率的制度结构和低水平的上市公司治理损害到中国证券市场的长远发展,中国证券市场存在着严重的功能扭曲,已经沦为了上市公司的融资工具。另一方面,中国证券市场投资者权益保护的法律环境还存在许多不完善之处,投资者权益保护还处在一个较低水平的状态。这两方面的背景相结合,前者意味着在某种程度上最终控制人侵占上市公司的利益时可以忽视市场监督,后者意味着最终控制人侵占上市公司利益在总体上不会承担较高的法律风险。正是由于这些制度性缺陷,导致了中国证券市场利益侵占现象屡见不鲜,上市公司和中小投资者的合法权益经常得不到应有的保障。

第4章 终极产权与利益侵占：
理论分析

本部分将从理论视角来考察上市公司内部产权安排对利益侵占行为的影响。首先,基于 LLSV 的理论框架,本书对所有权和控制权进行了区分,在理论模型中分别考察了它们对利益侵占行为的影响。其次,考虑到信息披露与利益侵占是同一问题的两个方面,本书进一步通过理论分析得出了终极产权与信息披露之间的关系。最后,本书从理论角度分析了国有与非国有最终控制人在利益侵占与信息披露方面存在的差异。上述分析得出的基本命题形成后续经验分析部分研究假设提出的理论基础。

4.1 引　　言

从第三章对中国证券市场发展制度演变的分析可知,我国证券市场具有新兴加转轨的特点,为国有企业融资解困服务这一目标使证券市场存在着严重的功能扭曲,而相关制度建设的滞后使投资者权益保护还处在一个较低水平的状态,这些制度性缺陷使得外部监管效率低下,对最终控制人利益侵占行为缺乏有效的约束,导致了中国证券市场最终控制人对上市公司和中小投资者利益侵占现象屡见不鲜,上市公司和中小投资者的合法权益经常得不到应有的保障。

本章将从理论视角分析上市公司内部产权安排对利益侵占行为的影响。在这里,我们通过对 LLSV 模型的扩展,讨论了最终控制人的所有权、控制权及其分离程度与利益侵占行为之间的关系;接下来考察了最终控制人的利益侵占行为对信息披露水平的影响；最后立足于中国背景，对利益侵占程度在不同最终控制人类型之间的差别进行了探讨。通过上述分析，我们得出了有关终极产权与利益侵占之间关系的几个命题，并在随后的实证部分对这些可供检验的理论命题进行经验分析。

本章剩下部分的结构安排如下：第二节建立一个理论模型分析了最终控制人的所有权、控制权及其分离程度与利益侵占行为之间的关系，同时，不同利益侵占程度的最终控制人在信息披露水平方面也存在差异，我们进一步分析了最终控制人的所有权、控制权及其分离程度对信息披露水平的影响；第三节探讨了最终控制人性质对利益侵占程度和信息披露水平的影响，重点是分析国有产权与非国有产权之间的差别；第四节对本章分析做出小结。

4.2　终极产权对利益侵占的影响：理论模型

本书的理论模型是建立在 LLSV(2002)模型的基础之上，通过对 LLSV(2002)模型的扩展而得。本书的基本模型与 LLSV(2002)的主要区别如下：第一，LLSV(2002)仅仅考虑了现金流权(收益权)对利益侵占程度的影响，而没有考虑控制权(投票权)对利益侵占程度的影响。在 LLSV(2002)模型中简单假定了股东完全控制企业，或者说控制权为 1，本书则充分考虑了最终控制人掌握的不同控制权水平对利益侵占程度的影响，从这个角度上说，本书的假定更接近现实情况。① 在此基础上，本书进一步讨论了最终控制人的控制权和现金流权分离对利益侵占程度的影响，这也是 LLSV(2002)模型中缺乏的分析。第二，LLSV(2002)是基于跨国视角的分析，因而各国的投资者权益保护水平是一个重要因素，而本书则是基于一国内部的视角，每个企业面临的投资者权益保护水平在理论上是一致

---

① LLSV(2002)假定控股股东享有企业的全部控制权。而在实际中，根据法律法规、企业章程等相关文件的规定，企业在进行不同重大决策时需要的投票权是不一致的，控股股东往往不能完全控制企业的全部重大决策。2007 年末发生的国航东航争夺战就是控股股东不能完全控制公司的一个案例。

的,因而在本书的分析中没有考虑投资者权益保护水平的影响。①

4.2.1 模型假设

根据模型的需要,本书提出了如下假设。本书假设企业由单一控制人控制,这一控制人就是最终控制人。大量的理论文献发现企业的最优所有权结构与控制权私有收益水平有关(Grossman & Hart, 1988; Harris & Raviv, 1988; Bebchuk, 1999; Wolfenzon, 1999; Bennedsen & Wolfenzonm, 2000)。LLSV(1998)发现,在大多数国家,控制权事实上是高度集中的。为了与已有的理论和事实一致,本书假设企业只存在一个最终控制人。

假设最终控制人拥有企业的现金流权或者收益权的比率为 α,最终控制人往往通过构建金字塔控制结构、交叉持股、发行多元股份等形式掌握超过收益权比率 α 的控制权 β(LLS,1999)。以金字塔控制结构中最终控制人的收益权和控制权为例,假设某企业的控制层级为 n,每层的所有权为 α_i,则最终控制人的收益权(现金流权) α 为 $\prod \alpha_1 \alpha_2 \cdots \alpha_n$,控制权 β 为 $\min(\alpha_1, \alpha_2 \cdots, \alpha_n)$。根据 LLS(1999)和郎咸平,林斯和米勒(Lang, Lins & Miller, 2004)的研究,企业的股权结构往往是由企业的历史、生命周期等原因外生决定,因此本书假定收益权 α 和控制权 β 均为外生变量,并且各不相关。同样的,本书不考虑最终控制人出售所有权的情形。

企业拥有的资金数量为 I,全部投资到一个项目中,该项目的回报率为 R。假设企业没有任何经营成本,因此企业的利润总额为 RI。并非所有的利润都按照比例分配给股东。作为控制企业的收益,最终控制人在将剩下的部分作为红利分配之前,能够从企业的利润中转移(divert) s 比例给自己。这种转移(diversion)或者隧道挖掘(tunneling)可以通过转移价格、关联交易、在职消费等形式进行。根据本书的界定,这一转移比例即为对

---

① 根据 LLSV(2002)分析,较高的投资者权益保护水平将有助于降低利益侵占的程度。对中国证券市场而言,中国的投资者权益保护水平是非常低的,对最终控制人的利益侵占行为很难发挥有效的制约作用(参见本文第 3 章的分析)。

小股东的利益侵占程度。根据伯卡特等(Burkart et al., 1998)和约翰逊等(Johnson et al., 2000)的研究,最终控制人在转移利益时必须支付一定的成本,比如说需要建立中介公司、承担法律风险等。

由于上述成本的存在,当最终控制人转移企业 s 比例利润时,最终只得到 $sRI - c(\beta, s)RI$。在这里,c 是最终控制人转移 s 比例利润时所花费成本占利润的比例,LLSV(2002)称之为偷窃成本函数(the cost-of-theft function)。c 是一个关于控制权水平 β、利益侵占程度 s 的函数。根据研究的需要,本书对 c 做出如下假设:

(1) $c_\beta < 0$[①],其含义是最终控制人的控制权水平 β 越高,转移利润就越容易,因而转移成本越低;

(2) $c_s > 0$,其含义是最终控制人的利益侵占程度越高,转移的难度就越大,因而需要花费的成本就越多;

(3) $c_{ss} > 0$,其含义是最终控制人转移利润的边际成本递增;

(4) $c_{\beta s} < 0$,其含义是最终控制人的控制权水平越高,转移利润的边际成本就越低。

假设 c 是由最终控制人而不是全体股东承担,这一假设是出于简化分析的目的,并不影响本书的主要结论。

4.2.2　模型分析

在上述假设之下,最终控制人将最大化下式:

$$\alpha(1 - s)RI + sRI - c(\beta, s)RI \qquad (4.1)$$

在 4.1 式中,第一部分是最终控制人转移利润之后剩余部分的收益比例(或者称为股利),这部分就相当于共享收益(share benefits of control)中最终控制人按照比例获得的利润;剩下的两部分是其转移利润的净收益,等于转移的利润减掉花费的成本,相当于最终控制人独自享有私有收

---

① c_β 为成本函数对投资者权益保护参数的一阶偏导,定义 $c_\beta = \dfrac{\mathrm{d}c}{\mathrm{d}\beta}$,其余类推。

益(private benefits of control)。从 4.1 式可以看出,最优解 s 是独立于企业规模 RI 的,因此最终控制人等同于最大化如下方程:

$$U = a(1-s) + s - c(\beta,\ s) \tag{4.2}$$

4.2 式的一阶导数条件(first order condition)由下式给出:

$$U_s = -\alpha + 1 - c_s(\beta,\ s) = 0 \tag{4.3}$$

4.3 式可以改写成:

$$c_s(\beta,\ s) = 1 - \alpha \tag{4.4}$$

从一阶导数条件即可解出最优的 s^*,这一过程可以由图 4-1 表示。

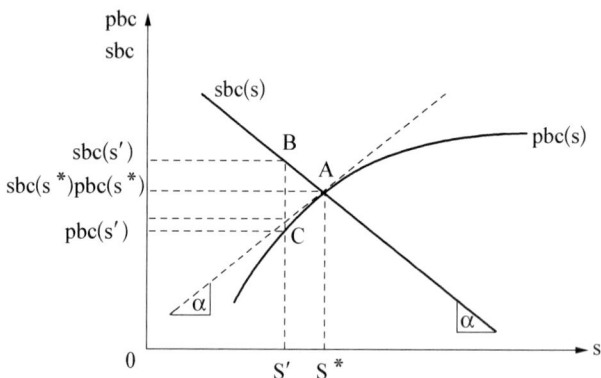

图 4-1　最终控制人的侵占比例

图 4-1 中,sbc(s)曲线最终控制人的共享收益曲线,对应着 4.1 式的第一部分,sbc(s)是一条斜率为 α 的直线。pbc(s)曲线最终控制人的私有收益曲线,对应着 4.1 式的第二部分,由 4.1 式是可知 pbc(s)函数是一个凹函数,其上任意一点的斜率等于 $1-c_s$。①最终控制人的总体收益由 sbc 和 pbc 两部分组成。由一阶导数条件可知,当 $1-c_s = \alpha$ 时最终控制人的

---

① 根据 4.1 式可知,pbc(s)关于 s 的一阶导数 $\dfrac{\mathrm{d}pbc(s)}{\mathrm{d}s} = 1-c_s$,根据定义 $c_s = \dfrac{\mathrm{d}c}{\mathrm{d}s}$,显然 $c_s < 1$(因为 c_s 表示侵占程度增加 ds 时需要花费的成本增加的比例,$c_s \geqslant 1$ 说明从侵占中不能获得收益),因此 $\dfrac{\mathrm{d}pbc(s)}{\mathrm{d}s} = 1-c_s > 0$,pbc(s)关于 s 的二阶导数 $\dfrac{\mathrm{d}^2 pbc(s)}{\mathrm{d}s^2} = -c_{ss} < 0$,综上所述,pbc(s)关于 s 的一阶导数为正,关于 s 的二阶导数为负,因此 pbc(s)形状为凹函数。

总体收益最大,这一点就是 sbc(s)和 pbc(s)曲线的交点,即为图中的 A 点,此时最终控制人选择 S* 的侵占比例,最终控制人的总体收益为 sbc(s*)＋pbc(s*)。

很容易可以验证,除 S* 之外的其他值均不能实现最终控制人总体收益最大化,此时最终控制人选择的 S 或者位于 S* 的左侧,或者位于 S* 的右侧。以位于 S* 的左侧为例,假设这一比例为 S′,此时最终控制人的总体收益为 sbc(s′)＋pbc(s′),从图中可以看出,sbc(s′)＋pbc(s′)＜sbc(s*)＋pbc(s*),此时最终控制人总体收益未能最大化。同理可以证明当位于 S* 的右侧时,最终控制人的总体收益低于 sbc(s*)＋pbc(s*)。只有当 S＝S* 时,最终控制人的总体收益才实现最大化。

由一阶导数条件可以得到本书模型的几个可检验的结论。首先来讨论一下最终控制人的收益权 α 对利益侵占程度的影响。关于一阶导数条件对 α 求导,可得:

$$c_{ss}(\beta,\ s^{*})\ \frac{\mathrm{d}s^{*}}{\mathrm{d}\alpha}=-1 \tag{4.5}$$

对上式进行移项,根据本书之前对偷窃成本函数 c 的假设可知,4.5 式意味着:

$$\frac{\mathrm{d}s^{*}}{\mathrm{d}\alpha}=-\frac{1}{c_{ss}(\beta,\ s^{*})}<0 \tag{4.6}$$

4.6 式的含义是最终控制人的高收益权与低利益侵占程度相联系。由此得到本书的第一个重要命题。

命题 1: 最终控制人享有的收益权比例越高,对小股东利益侵占程度越低。

接下来讨论最终控制人的控制权 β 对利益侵占程度的影响。关于一阶导数条件对 β 求导,可得:

$$c_{\beta s}(\beta,\ s)+c_{ss}(\beta,\ s)\ \frac{\mathrm{d}s^{*}}{\mathrm{d}\beta}=0 \tag{4.7}$$

整理上式,根据本书之前对偷窃成本函数 c 的假设可知,4.7 式意味着：

$$\frac{\mathrm{d}s^*}{\mathrm{d}\beta} = -\frac{c_{\beta s}(\beta, s)}{c_{ss}(\beta, s)} > 0 \tag{4.8}$$

4.8 式的含义是最终控制人的高控制权与高利益侵占程度相联系。由此得到本书的第二个重要结论。

命题 2：最终控制人掌握的控制权水平越高，对小股东利益侵占程度越高。

由命题 1 和命题 2 联合起来可以进一步推知如下命题：

命题 3：最终控制人控制权与收益权的分离程度越大，对小股东利益侵占程度越高。

证明：定义最终控制人控制权与收益权的分离程度 $w = \beta - \alpha$，则有：

$$\frac{\mathrm{d}s^*}{\mathrm{d}w} = \frac{\mathrm{d}s^*}{\mathrm{d}(\beta - \alpha)} \tag{4.9}$$

对 4.9 式中等式右边部分进行变形可以得到：

$$\frac{\mathrm{d}s^*}{\mathrm{d}(\beta - \alpha)} = \frac{1}{\dfrac{\mathrm{d}(\beta - \alpha)}{\mathrm{d}s^*}} = \frac{1}{\dfrac{\mathrm{d}\beta}{\mathrm{d}s^*} - \dfrac{\mathrm{d}\alpha}{\mathrm{d}s^*}} \tag{4.10}$$

由命题 1 和命题 2 易得，$\dfrac{\mathrm{d}\alpha}{\mathrm{d}s^*} = \dfrac{1}{\dfrac{\mathrm{d}s^*}{\mathrm{d}\alpha}} < 0$，$\dfrac{\mathrm{d}\beta}{\mathrm{d}s^*} = \dfrac{1}{\dfrac{\mathrm{d}s^*}{\mathrm{d}\beta}} > 0$，由此可以

对 4.10 式的符号做出如下判断：

$$\frac{\mathrm{d}s^*}{\mathrm{d}w} = \frac{\mathrm{d}s^*}{\mathrm{d}(\beta - \alpha)} > 0 \tag{4.11}$$

命题得证。

上述分析过程背后的直觉是：当最终控制人对上市公司的控制权超过其现金流权时，将会产生权利收益与成本的不对称：最终控制人可以通过实施"隧道行为"来转移上市公司利益，这种收益可以为最终控制人独自占有，而这种"隧道行为"所带来上市公司本身价值的损失，最终控制人只

是承担了通过现金流权计算的很小部分,换句话说,现金流权相当于最终控制人实施利益侵占时的机会成本。

4.2.3　利益侵占与信息披露水平：进一步分析

在考察最终控制人收益权和控制权对利益侵占程度影响的基础上,本书进一步分析侵占程度将如何影响信息披露水平。在这里,我们将通过一个博弈模型说明不同利益侵占程度最终控制人在信息披露水平方面的差异。

根据模型分析的需要,本书增加如下假设。最终控制人的侵占程度是不同的,用 s 表示。以 $[\underline{s}, \bar{s}]$ 来代表最终控制人可能的侵占水平的集合,其中 $0 \leqslant \underline{s} \leqslant \bar{s} \leqslant 1$。侵占水平等于和小于 s 的最终控制人所占比例用分布函数 $F(s)$ 表示,假设 $F(\cdot)$ 是非退化的,因此,最终控制人至少有两种类型。出于简化分析的考虑,这里集中考虑只有两种类型的情况。两种类型的最终控制人的侵占水平分别为 s_H 和 s_L,其中 $s_H > s_L > 0$ 且 $\lambda = prob(s = s_L) \in (0, 1)$。

假设存在着外部监管者对最终控制人的侵占行为进行处罚,处罚力度 p 与最终控制人的侵占程度 s 有关。简单起见,可以假设 $p = -s$,即外部监管者的处罚正好等于最终控制人的侵占程度 s。但是,最终控制人和外部监管者之间存在着信息不对称,外部监管者无法直接观察到最终控制人的侵占程度。因此,在不对称信息下外部监管者对最终控制人的处罚力度为 $p = E(-s) = -(\lambda \underline{s} + (1-\lambda) \bar{s})$。显然,此时外部监管者的处罚力度对较低侵占程度的最终控制人而言是过高的,因为 $\lambda \underline{s} + (1-\lambda) \bar{s} > \underline{s}$；而对较高侵占程度的最终控制人而言,处罚力度则过低,因为 $\lambda \underline{s} + (1-\lambda) \bar{s} < \bar{s}$。

在这种情况下,假设最终控制人可以主动实施信息披露来消除信息不对称,即最终控制人可以选择一个信息披露水平 i。但是信息披露需要支付相应的成本,侵占程度为 s 的最终控制人选择 i 的信息披露水平所花费的成本由函数 $\rho(i, s)$ 给出,该函数具有二阶连续偏导数,其中,对于所有的 $i > 0$, $\rho(0, s) = 0$, $\rho_i(i, s) > 0$, $\rho_{ii}(i, s) > 0$, $\rho_s(i, s) > 0$, $\rho_{is}(i, s) > 0$。因此,根据上述假设,高侵占程度的最终控制人的信息披露总成本和边际成本都比较高。

用 $r(p, i \mid s)$ 代表侵占程度为 s 的最终控制人选择 i 的信息披露水平并接受处罚 p 时的收益：$r(p, i \mid s) = p - \rho(i, s) = -s - \rho(i, s)$。

在上述假设下，我们将探讨不同侵占程度 s 的最终控制人在选择信息披露水平 i 上的差异。为了验证这一点，我们将对上述博弈的均衡进行求解。这个博弈的基本过程是：最初，不同的终极产权结构决定最终控制人的侵占程度 s。然后，最终控制人根据他的侵占程度，选择信息披露水平 i。根据所观测到的信息披露水平 i，外部监管者决定对最终控制人的处罚力度 p。

这里所使用的均衡概念是精炼贝叶斯均衡（PBE）。PBE 的概念可以简单等价地表述如下：一个战略组合和一个信念（belief）函数 $\mu(i) \in [0, 1]$（其中，$\mu(i)$ 为观测到最终控制人信息披露水平 i 后外部监管者对最终控制人是低侵占程度的概率的评价）是一个精炼贝叶斯均衡，如果：

（i）给定外部监管者策略的情况下，最终控制人的策略是最优的。

（ii）信念函数 $\mu(i)$ 是运用贝叶斯法则从最终控制人的策略中得到的（在可能的情况下）。

（iii）取决于每种选择 i 的外部监管者的处罚力度构成同时行动的处罚力度博弈的一个纳什均衡，其中最终控制人是低侵占程度的概率为 $\mu(i)$（马斯-科莱尔等，2001）。[①]

我们从博弈的结尾开始分析。假设在观测到最终控制人的某一信息披露水平 i 后，外部监管者认为最终控制人是 s_L 的概率是 $\mu(i)$。那么，最终控制人预期的支付水平为 $\mu(i)s_L + (1 - \mu(i))s_H$。此时，外部监管者的纳什均衡的均衡处罚力度等于最终控制人预期的支付水平。因此，在任何的 PBE 中，一定有外部监管者的处罚力度恰好等于最终控制人预期的支付水平，即 $p(i) = \mu(i)s_L + (1 - \mu(i))s_H$。

在知道上述事实后，我们转向讨论最终控制人的均衡策略，即依存于它的侵占程度的信息披露水平的选择。作为分析的第一步，首先研究最终控制

---

① 这里主要关注的是纯策略均衡，参见［美］马斯-科莱尔，温斯顿，格林. 微观经济学［M］. 北京：中国社会科学出版社，2001.

人对(支付水平 p，信息披露水平 i)组合的偏好。图 4－2 描绘了每种侵占程度的最终控制人的等收益曲线(纵轴代表支付水平,横轴代表信息披露水平)。值得注意的是,这些等收益曲线只交叉一次,交点处低侵占程度的最终控制人的等收益曲线具有较小的斜率。这种性质称为单交叉点特征。它出现的原因在于,在任意一点 (p, i) 上最终控制人的支付水平与信息披露水平的边际替代率是 $(\mathrm{d}p / \mathrm{d}i)_{\bar{r}} = \rho_i(i, s)$， $\rho_i(i, s)$ 与 s 是单调关系,这意味着不同侵占程度的最终控制人的边际成本曲线只相交一次。

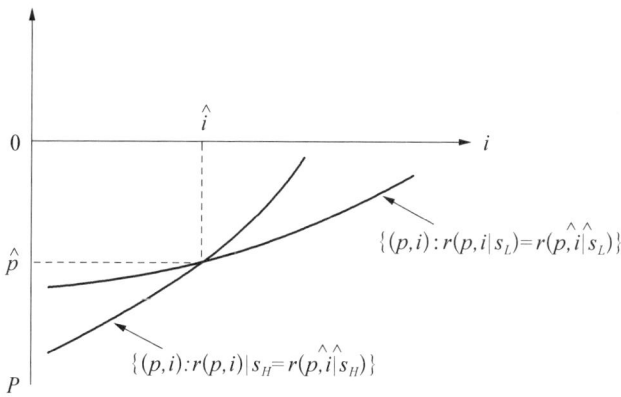

图 4－2　高侵占程度和低侵占程度最终控制人的收益曲线

我们首先来考察是否存在着分离均衡(separating equilibria),即不同侵占程度的最终控制人选择不同的信息披露水平 i。很容易看出,在分离均衡中,不同类型的最终控制人根据其侵占程度高低提供不同的信息披露水平。

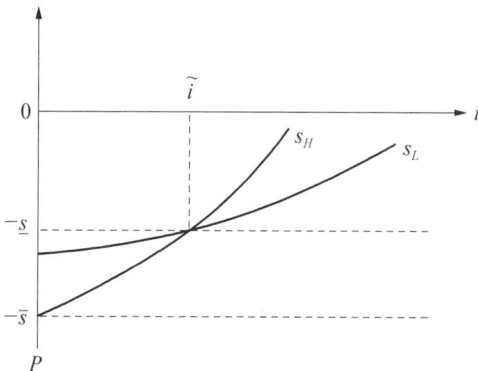

图 4－3　分离均衡：从信息披露水平可以推知最终控制人侵占程度

　　一个可能的分离均衡如下：存在着一个 i^*，当且仅当 $i \geqslant i^*$ 时外部监管者认为最终控制人是低侵占程度的。i^* 的设置应该使得如下两个条件满足：① $-\underline{s} - \rho(i^*, \underline{s}) \geqslant -\bar{s}$；② $-\underline{s} - \rho(i^*, \bar{s}) \leqslant -\bar{s}$。这两个条件保证了最终控制人的激励相容，第一个条件表明低侵占程度最终控制人选择 i^* 时的支付水平要大于 $-\bar{s}$，即可以减少低侵占程度最终控制人的支付；第二个条件表明高侵占程度最终控制人选择 i^* 时的支付水平要小于 $-\bar{s}$，即选择 i^* 增加了低侵占程度最终控制人的支付。

　　此时，高侵占程度的最终控制人不提供任何信息披露；而低侵占程度的最终控制人提供一个正向的信息披露水平，因为其在提供信息披露方面具有更低的成本。也就是说，在这个分离均衡中，低侵占程度的最终控制人提供的信息披露水平 $i_L > 0$，高侵占程度的最终控制人提供的信息披露水平 $i_H = 0$。相应的，外部监管者的信念为：$\exists i^*$，如果 $i \geqslant i^*$，$\mu(i) = 1$，否则 $\mu(i) = 0$。

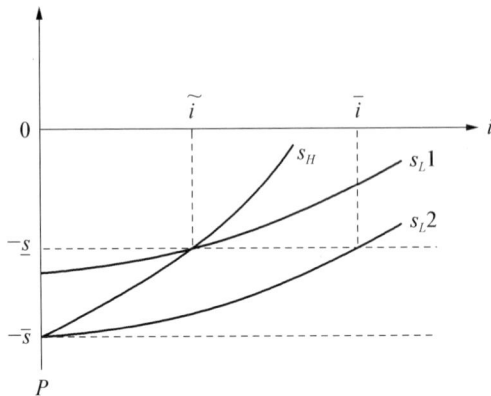

图 4-4　分离均衡：低侵占程度最终控制人选择信息披露水平 $i_L^* > \tilde{i}$

　　在分离均衡中 i^* 的取值介于 $[\tilde{i}, \bar{i}]$ 之间。对于高侵占程度最终控制人来说，选择 $\tilde{i}$ 与 0 的支付水平是无差异的，不妨假设选择 0；而对于低侵占程度最终控制人来说，选择 0 需要 s_L2 的支付水平，选择 $\tilde{i}$ 则只需要 s_L1 的支付水平，因为 $s_L1 > s_L2$，最终控制人可以少支付 $s_L1 - s_L2$，所以低侵占程度最终控制人选择 $\tilde{i}$，即分离均衡存在。

　　在这个博弈中，均衡不是唯一的，存在着多个分离均衡（例如均衡的

i^* 可以介于 $[\tilde{i}, \bar{i}]$）和混同均衡（pooling equilibria），其原因在于非均衡路径上的信念选择有很大的自由度。① 为了对信念加以"合理的"限制，一种合理信念精炼方法是由周和克雷普斯（Cho & Kreps, 1987）②提出的直观准则（intuitive criteria）。运用直观准则不仅可以剔除劣的分离均衡，而且可以剔除所有的混同均衡。一个符合直观准则的信念可以表述为 $\exists i^*$，如果 $i \geqslant i^*$，$\mu(i) = 1$，否则 $\mu(i) = 0$。此时均衡的信息披露水平为 $i^* = \tilde{i}$。

上述分析可以得出如下引理：

引理 4-1：在均衡中，低侵占程度最终控制人选择的信息披露水平大于高侵占程度最终控制人选择的信息披露水平。

引理背后的直觉是，低侵占程度最终控制人通过选择高的信息披露水平将自己与高侵占程度最终控制人区别开来，换句话说，低侵占程度最终控制人希望外部监管者了解自己的真实情况。这一引理可以在许多类似的例了中得到证实。例如，在官员的财产申报方面，清廉的官员往往会主动进行申报，以向公众表明自己是没有问题的，与此相反，腐败的官员则不愿意进行申报，因为怕暴露自己的贪腐行为。

如果将上述分析扩展到 s 是连续的情况下，根据上述引理，可以推知最终控制人选择的信息披露水平 i 与侵占程度 s 之间存在如下关系：$\mathrm{d}i/\mathrm{d}s < 0$。

综合本节分析，我们可以得出如下命题：

命题 4：最终控制人享有的收益权比例越高，信息披露水平越高。

证明：由 $\dfrac{\mathrm{d}i}{\mathrm{d}\alpha} = \dfrac{\mathrm{d}i}{\mathrm{d}s} \times \dfrac{\mathrm{d}s}{\mathrm{d}\alpha}$，$\dfrac{\mathrm{d}i}{\mathrm{d}s} < 0$，$\dfrac{\mathrm{d}s}{\mathrm{d}\alpha} < 0$，可知 $\dfrac{\mathrm{d}i}{\mathrm{d}\alpha} > 0$。

命题 5：最终控制人掌握的控制权比例越高，信息披露水平越低。

证明：由 $\dfrac{\mathrm{d}i}{\mathrm{d}\beta} = \dfrac{\mathrm{d}i}{\mathrm{d}s} \times \dfrac{\mathrm{d}s}{\mathrm{d}\beta}$，$\dfrac{\mathrm{d}i}{\mathrm{d}s} < 0$，$\dfrac{\mathrm{d}s}{\mathrm{d}\beta} > 0$，可知 $\dfrac{\mathrm{d}i}{\mathrm{d}\beta} < 0$。

---

① 也就是说，有些信念是不合理的。

② Cho, Kreps. Signaling Games and Stable Equilibria [J]. *Quarterly journal of Economics*, 1987(102).

命题 6：最终控制人控制权与收益权的分离程度越大,信息披露水平越低。

证明：由 $\dfrac{\mathrm{d}i}{\mathrm{d}w} = \dfrac{\mathrm{d}i}{\mathrm{d}s} \times \dfrac{\mathrm{d}s}{\mathrm{d}w}$, $\dfrac{\mathrm{d}i}{\mathrm{d}s} < 0$, $\dfrac{\mathrm{d}s}{\mathrm{d}w} > 0$, 可知 $\dfrac{\mathrm{d}i}{\mathrm{d}w} < 0$。

4.3 最终控制人性质的影响

在对终极产权与利益侵占之间关系的相关研究中,不同最终控制人(股东)性质对利益侵占的影响一直是讨论的热点问题。国外学者的研究大多数是基于私有产权(非国有产权)的研究。施莱佛和维什尼(Shleifer & Vishny, 1997)指出,在世界范围内大型公司所面临的基本代理问题可能并不是外部投资者和管理层之间的冲突,而是可以基本保持对管理层有效控制的控股股东和外部投资者(主要是中小股东)之间的冲突。特别是在那些投资者权益保护等外部治理机制较为缺乏的新兴市场和转型经济国家中,私有产权的代理问题尤为突出(La Porta et al. , 1998①)。

显然,上述主张对中国的非国有产权而言也是适用的。徐莉萍(Xu, 2004)②分析了几种私有产权控股股东"掏空"上市公司的主要途径,包括转移价格、由上市公司提供债务担保、无偿占用上市公司的资产和现金、向上市公司征收过高的商标、专利权、特许权以及其他资产的使用费。作为一个新兴加转轨的市场,相对于发达的资本市场,中国的投资者权益保护法律环境并不理想,相关法律不健全并且执行不到位,各种外部治理机制还不完善。在这种背景下,私有产权的控股股东通过各种手段"掏空"上市公司进而侵占中小股东利益的行为可能很难得到有效的控制。苏启林和朱文(2003)通过对沪、深股市 128 家家族上市公司的数据分析,发现中国

---

① La Porta, Lopez-de-Silanes, Shleifer, Vishny. Law and Finance[J]. *The Journal of Political Economy*, 1998, 106(6).

② L. P. Xu. Types of Large Shareholders, Corporate Governance and Firm Performance: Evidence from China's Listed Companies[D]. the Hong Kong Polytechnie University, 2004.

家族类上市公司中所有权和控制权分离系数越高,企业价值越低。他们从中推断,家族类上市公司最终控制人存在着对小股东的侵占现象。张华、张俊喜和宋敏(2004)对中国民营上市公司的研究发现,国内民营上市公司的大股东所有权的"监督效应"和控制权的"隧道效应"对企业价值的影响远远大于其他东亚国家和地区。吕长江和肖成明(2006)以上市公司最终控制人为利益侵占主体,投票权和现金流量权分离所产生的代理问题为切入点,对民营上市公司江苏阳光进行案例分析。分析结果表明,对于江苏阳光的最终控制人而言,将资源留在上市公司再投资的收益要远小于进行利益侵占转移资源再投资的收益,定期报告和临时公告的分析证实了最终控制人掏空行为的存在。

国有产权中的代理问题也是非常明显的。阿尔钦(Alchian,1965[①])提出的理论模型指出：与私有企业相比,国有企业具有与生俱来的低效率特征。许多研究从公司绩效的视角考察了控股股东性质与公司治理效率之间的关系(孙永祥,2002[②];徐晓东和陈小悦,2001[③];白重恩等,2005[④];徐莉萍等,2006[⑤])。其中,大多数的研究都认为,国有产权中的代理问题是非常普遍的。一方面,国有企业存在着严重的"所有权缺位"问题,作为代理人的各级政府官员往往缺乏足够的动力对企业经营进行监督和评价(张维迎,1999[⑥]);另一方面,国有企业承担了政府的多重目标如经济发展战略、就业、税收、社会稳定等,并由此造成了国有企业的政策性负担(Lin、Cai & Li,1998[⑦])。在这种情况下,国有企业除了经济利益外,社会福利、政治诉求都可能成为其目标,这都可能导致企业利益的流失。最为重要的是,国有产权的实际控制权属于政府部门,也就是说,政府部门有着极其集

① A. Alchian. Some Economics of Property Rights[J]. *Politico*, 2006(30).
② 孙永祥.公司治理结构:理论与实证研究[M].上海:上海三联书店、上海人民出版社,2002.
③ 陈小悦,徐晓东.股权结构、企业绩效与投资者利益保护[J].经济研究,2011(11).
④ 白重恩,刘俏,陆洲,宋敏,张俊喜.中国上市公司治理结构的实证研究[J].经济研究,2005(2).
⑤ 徐莉萍,辛宇,陈工孟.控股股东性质与公司经营绩效[J].世界经济,2006(10).
⑥ 张维迎.企业理论与中国企业改革[M].北京:北京大学出版社,1999.
⑦ J. Lin, F. Cai, Z. Li. Competition, Policy Burdens and State Owned Enterprise Reform[J]. *American Economic Review*, 1998, 88(2).

中的控制权。但是,这些政府部门却并没有显著的现金流权,原因在于国有企业的现金流权属于全体国民,高度分散。① 这样,这些政府部门就有动机最大化其自身的部门利益,而相应的成本却由全体国民来承担。田利辉(2005)②认为,政府官员有着个人的私利,一些官员可能利用手中掌握的权力,转移国有企业的财富,侵占经济利益。

综合上述分析,我们认为:在中国这样一个法律环境不健全的转型经济背景下,无论是国有上市公司还是非国有上市公司都存在着较为严重的代理问题,控股股东通过侵占上市公司来谋求私有收益的情况是非常普遍的。从总体上看,由于国有企业中存在着导致侵占问题的更为复杂的诱因,我们推测,国有控制上市公司中的利益侵占行为可能更加突出。由此提出如下命题:

命题 7:在其他条件相同的情况下,国有上市公司中的利益侵占现象更为严重。

命题 8:在其他条件相同的情况下,国有上市公司中的信息披露水平更低。

4.4 本 章 小 结

本章从理论视角对终极产权与利益侵占之间的关系进行了分析。我们通过对 LLSV 模型的扩展,讨论了最终控制人的所有权、控制权及其分离程度与利益侵占行为之间的关系;同时,不同利益侵占程度的最终控制人在信息披露水平方面也存在差异,我们进一步分析了最终控制人的所有权、控制权及其分离程度对信息披露水平的影响;接下来立足于中国背景,对利益侵占程度和信息披露水平在不同最终控制人类型之间的差别进行

---

① 这种情况意味着国有企业中所有权和控制权的实际分离程度要高于表面上的分离程度。根据前一节的理论分析,这将可能导致更为严重的利益侵占行为。

② 田利辉.国有股权对上市公司绩效影响的 U 形曲线和政府股东两手论[J].经济研究,2005(10).

了探讨。在所有权、控制权及其分离程度方面,理论分析表明最终控制人享有的收益权比例越高,对小股东利益侵占程度越低;最终控制人掌握的控制权水平越高,对小股东利益侵占程度越高;最终控制人控制权与收益权的分离程度越大,对小股东利益侵占程度越高;最终控制人享有的收益权比例越高,信息披露水平越高;最终控制人掌握的控制权水平越高,信息披露水平越低;最终控制人控制权与收益权的分离程度越大,信息披露水平越低;在最终控制人性质方面,国有上市公司中的利益侵占现象更为严重,信息披露水平也越低。

第5章 中国上市公司终极
产权结构分析

从本章开始进入到本书的实证部分,在实证部分我们将使用来自中国上市公司的相关数据,对本书理论部分提出的终极产权与利益侵占之间关系的相关命题采用经验分析的方法进行检验。作为经验分析的基础,本书首先对中国上市公司终极产权的现状进行了初步分析,以对中国上市公司终极产权有一个基本印象。

5.1 引 言

如本书第2章所述,拉波塔等(La Porta et al.)是最早开展终极产权研究的学者。拉波塔,洛佩兹和施莱佛(La Porta, Lopez-de-Silanes & Shleifer, 1999)研究了全球27个国家上市公司的控制权链条。他们通过层层追溯上市公司的控制权链条来找出最终控制人,并记录下这些最终控制人的所有权和控制权。研究发现,在大多数样本中,最终控制人控制着公司,并且最终控制人通过金字塔控股结构、背离一股一票的规则、交叉持股等方式获得了超过其所有权之上的控制权。他们通过追溯控制权链条找出最终控制人的所有权和控制权的方法被称为"终极产权论"(刘芍佳等,2003)。克莱森斯,詹科夫和郎咸平(Claessens,Djankov & Lang, 2000)对东亚9个国家和地区2 980家上市公司进行了类似的调查,发现东亚地区超过2/3的上市公司被单独一个股东所控制,最终控制人的所有权与控制权之间存在着显著的差异。对西欧公司终极产权的研究得出了类似的结论,法乔和郎咸平(Faccio & Lang, 2001)对西欧 13 个国家的研究发现,在欧洲大陆家族控制公司占主导,在某些国家政府控制着大量公司。

近年来,国内学者也开始采用与拉波塔等(La Porta et al.,1999)类似的方法研究中国上市公司的终极产权。从掌握的资料来看,刘芍佳等(2003)是最早对中国上市公司终极产权进行研究的学者,运用终极产权的原则,通过层层追溯中国上市公司最终控制人的方式,他们对中国上市公司的控股主体重新进行分类。结果发现,中国 84% 的上市公司最终仍由政府控制,而非政府控制的比例仅为 16%。苏启林和朱文(2003)以沪深股市 128 家家族上市公司为研究对象,分析了这些家族上市公司的控制权分布情况。张华等(2004)对我国 112 家最终控制人为民营企业的样本公司进行研究。夏立军和方轶强(2005)根据上市公司披露的最终控制人数据,首次将上市公司细分为非政府控制(即民营、乡镇或外资资本控制)、县级政府控制、市级政府控制、省级政府控制以及中央政府控制这五种类型,在他们的样本中,79% 的上市公司被各级政府控制。

学者们对中国上市公司终极产权的研究有助于深化对中国上市公司股权结构的认识。与此同时,目前对中国上市公司终极产权的研究还存在一些可以改进的地方:一是对影响控制权集中的因素上,现有文献还很少涉及。本书选择最终控制人类型、公司营运时间、所属行业以及公司规模等四个可能影响控制权的变量,来探讨哪些因素影响了控制权的集中。二是现有研究大多基于 2004 年之前的数据,本书利用 2008 年至 2011 年中国上市公司的最新数据,以便了解股权分置改革之后上市公司终极产权的最新分布情况。

本章将要回答如下两个问题:中国上市公司的终极产权结构如何?与其他国家和地区上市公司终极产权的分布是否存在区别?为了回答上述问题,我们收集了一个 2008 年至 2011 年间包含了 6 645 个年度公司观测值的研究样本,采用"终极产权论"来分析中国上市公司的终极产权。

本章剩下部分的结构安排如下:第二节介绍本书所使用的样本、数据与变量定义;第三节首先采用描述性统计方法对中国上市公司的终极产权结构进行分析,在此基础上将中国上市公司的终极产权结构与东亚其他国家和地区进行比较;第四节对本章分析做出小结。

5.2 样本、数据与变量定义

5.2.1 样本选择

本书的研究中所使用的样本来源于 2008 年至 2011 年沪深 A 股全部上市公司。上市公司的最终控制人及其所有权、控制权等资料主要由我们通过查阅相应年份上市公司年报手工整理得到。对部分披露不详细的公司资料，我们通过如下途径进行补充：(1) 深沪两市证交所网站上的年报补充数据；(2) 上市公司网站；(3) 巨潮等专业财经网站以及几大门户网站中的财经板块；(4)《二十一世纪经济报道》等专业财经媒体。对于极少数无法获得最终控制人资料的上市公司，我们在样本中进行剔除。经过上述处理，我们最终获得了包含 1 306 家上市公司的样本。表 5-1 列出了以上筛选过程。

表 5-1 样本筛选过程

样本选择过程	样本数量	占 比
2008～2011 年 CSMAR 数据库初始样本	8 629	100％
减 去		
上市时间不足一年样本	651	7.5％
金融行业样本	147	1.7％
数据不全样本	1 186	13.7％
最终样本	6 645	77.0％

5.2.2 所有权和控制权的计算

公司最终控制人的所有权根据现金流权（即收益权）进行度量，控制权根据投票权进行度量。我们采用与拉波塔，洛佩兹和施莱佛（La Porta, Lopez-de-Silanes & Shleifer, 1999）类似的方法，通过层层追溯上市公司控制链(control chain)的方式来找出最终控制人。最终控制人的所有权和控制权是有差别的,因为最终控制人可以利用或者通过金字塔控股结构、交叉持股等方式来实现所有权和控制权的分离。

以金字塔控股结构为例。假设 B 公司作为最大股东持有上市公司 A 20％的股票,C 作为最大股东拥有 B 公司 15％的所有权,C 不再为其他股东所控制,那么 C 就是上市公司 A 的最终控制人。在这个例子中,我们可以说最终控制人 C 拥有 A 公司 15％的控制权,这是控制链条上最小的一环;最终控制人 C 拥有 A 公司 3％的现金流权利,即沿着控制链上的两个所有权比率的乘积。

为了决定任何中间水平和最终水平的有效控制权,一般需要使用一个截断点,在此基础上就可以认定最终控制人所拥有的有效控制权。在经验性分析中我们使用 10％作为截断点,这是一个普遍接受的标准(LLSV,2002;Claessens,Djankov & Lang,2000;Faccio & Lang,2001),但是我们还提供了使用 20％水平的信息,以提供有关最终控制人更为稳健的证据。例如,在上面的例子中,A 公司在 20％的标准上就不存在最终控制人,此时我们认为 A 公司是公众持有公司。

最终控制人对上市公司的控制可以通过多重控制链条(multiple control chain)来实现。在先前的例子中,假设最终控制人 C 直接拥有 A 公司 10％的股份,那么最终控制人 C 控制了 A 公司 25％的投票权(min(0.15,0.20)＋0.10),最终控制人 C 拥有 A 公司 13％的现金流权(0.15×0.20＋0.10)。

如果 B 公司持有 A 公司 10％以上的股份,而且 A 公司也持有 B 公司至少 10％以上的股份,此时我们就可以认为在 10％的下限条件下 A 公司是被"交叉持股"所控制的。由于存在交叉持股,在度量所有权和控制权方面产生了一些困难。在这里,我们采用拉波塔等(La Porta et al.,1999)提出的分类方法,将这种公司分类为公众持有公司。但是一种例外情况是,如果公司 A 和公司 B 同时被 C 控制,那么公司 A 将被划分在 10％的分界水平上被 C 控制的公司,而不是公众持有的公司。在这种情况下,交叉持股也就是一种金字塔控股结构。

5.2.3 最终控制权的类型

我们将最终控制权具体划分为以下五类：国有控制、非国有控制、公众持有、共同控股、交叉持股。从最终统计结果来看，后三类所占比例非常少①，因此在本书的描述性统计中将主要汇报国有控制和非国有控制两类公司的情况。

国有控制：最终控制人为国有性质的公司，包括中央和各级地方政府机构。

非国有控制：最终控制人为非国有性质的公司，包括自然人、职工持股会、民营企业、村办集体企业、街道集体企业、乡镇一级的政府部门、乡镇集体企业或外资企业。② 其中，对于最终控制权为家族成员的样本，我们不分别考虑各个家族成员的所有权，而是总体考虑各家族的所有权作为分析的单位。

公众持有：在控制权下限的条件下被公众广泛持有的上市公司。

共同控股：在控制链上的不同控制人持有相同的股份。

交叉持股：如果 B 公司持有 A 公司 10% 以上的股份，而且 A 公司也持有 B 公司至少 10% 以上的股份，此时 A 公司被认为在 10% 的下限条件下是被"交叉持股"所控制的。

表 5-2　最终控制权类型划分

分类标准	细分类型	定　义　说　明
存在唯一最终控制人	国有控制	最终控制人为国有性质的公司，包括中央和各级地方政府机构。
	非国有控制	最终控制人为非国有性质的公司，包括自然人、职工持股会、民营企业、村办集体企业、街道集体企业、乡镇一级的政府部门、乡镇集体企业或外资企业。其中，对于最终控制权为家族成员的样本，我们不分别考虑各个家族成员的所有权，而是总体考虑各家族的所有权作为分析的单位。

---

① 在本书统计的样本期间，后三类公司占全部样本(6 645 个)比重仅为 5.7%。

② 由于乡镇一级的政府部门控制的上市公司实为乡镇集体企业性质，其所受政府干预较少，更类似于民营企业，而不是国有企业，因此将这些上市公司也归入"非国有控制"类型。夏立军和方轶强(2005)采用了类似的划分方式。

分类标准	细分类型	定　义　说　明
不存在唯一最终控制人	公众持有	最终控制人的控制权水平低于10%控制权下限条件的上市公司。
	共同控股	在控制链上的不同控制人持有相同的股份。
	交叉持有	如果B公司持有A公司10%以上的股份,而且A公司也持有B公司至少10%以上的股份,此时A公司被认为在10%的下限条件下是被"交叉持股"所控制的。

5.2.4　终极产权结构的举例说明

为了更好地理解决定公司最终控制权的各种结构,我们根据不同的最终控制权类型从数据库中列举五个案例,这五个案例与本书的最终控制权类型是一一对应的,通过这些例子可以说明在构建最终控制权方面的复杂性。

第一个例子是光明乳业股份有限公司,这是一个在上海证券交易所上市的从事牛奶等食品生产和销售的企业,它是一个国有控制公司,其控股结构图见图5-1。如图5-1所示,光明乳业股份有限公司并列第一大股东分别是作为国有股东的上海牛奶(集团)有限公司和作为外资股东的注册在境外的 S. I. Food Products Holdings Limited,各自持有的股份均为25.17%,如果仅从直接股东的持股比例来看,光明乳业股份有限公司应该是一个共同控制公司。但是,通过追溯上海牛奶(集团)有限公司和 S. I. Food Products Holdings Limited 的最终控制人,我们发现均为上海市国有资产监督管理委员会。因此,光明乳业股份有限公司的真正类型是一家国有控制公司,最终控制人为上海市国有资产监督管理委员会,上海市国资委拥有光明乳业 24.249 8% 的现金流权($0.503\ 4 \times 0.8 \times 0.251\ 7 + 1 \times 0.510\ 6 \times 1 \times 0.251\ 7$),控制了光明乳业 50.34% 的投票权($\min(0.503\ 4, 0.8, 0.251\ 7) + \min(1, 0.510\ 6, 1, 0.251\ 7)$)。

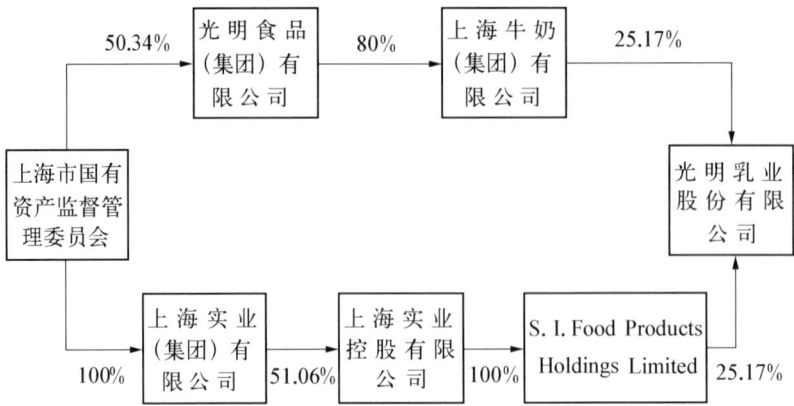

图 5-1 国有控制：光明乳业股份有限公司的控股结构图

第二个例子是青海华鼎实业股份有限公司,这是一个在上海证券交易所上市的从事机床产品制造的机械制造业企业,它是一个自然人控制公司,其控股结构图见图 5-2。如图 5-2 所示,青海华鼎实业股份有限公司的第一大股东是青海重型机床有限责任公司,直接持有青海华鼎实业股份有限公司 26.76％的股份,而青海重型机床有限责任公司的控股股东是青海天象投资实业有限公司,持有青海重型机床有限责任公司 54.66％的股

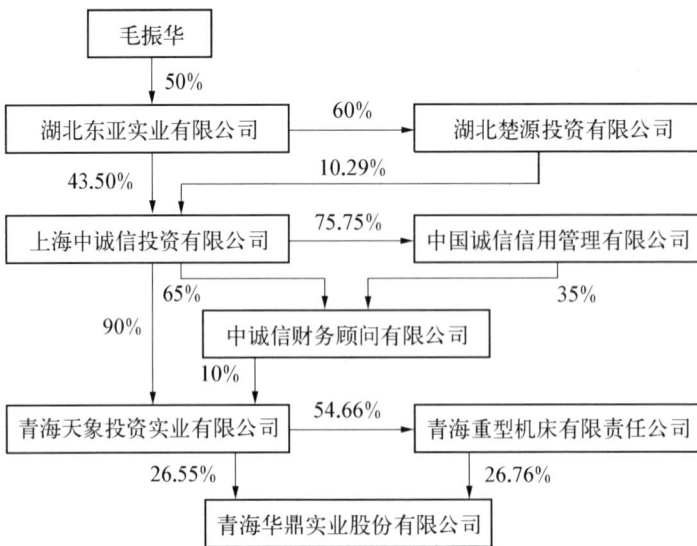

图 5-2 非国有控制：青海华鼎实业股份有限公司的控股结构图

份,青海天象投资实业有限公司同时还直接持有青海华鼎实业股份有限公司26.55%的股份,因此青海天象投资实业有限公司持有青海华鼎实业股份有限公司的股份合计为53.31%。但是青海天象投资实业有限公司并非青海华鼎实业股份有限公司的最终控制人,通过层层追溯控制链,我们发现,自然人毛振华才是青海华鼎实业股份有限公司的最终控制人。从图5-2可以发现,自然人毛振华通过令人眼花缭乱的控股结构形成的多元控制链条最终控制了青海华鼎实业股份有限公司。通过这些多元控制链条,毛振华控制了青海华鼎实业股份有限公司50%的投票权,而其拥有的现金流权却仅有10.14%。

第三个例子是广夏(银川)实业股份有限公司,一个在深证证券交易所上市的从事葡萄酒及其他农产品生产和销售的企业,它是一个公众持有公司,其控股结构图见图5-3。如图5-3所示,广夏(银川)实业股份有限公司的股权结构较为分散,其第一大股东是中联实业股份有限公司,直接持有上市公司4.83%的股权份额,第二大股东持有上市公司2.04%的股份,明显低于本书中所使用的10%的控制权下限。因此,广夏(银川)实业股份有限公司被认为是一个公众持有公司,不存在具有实质性控制权的最终控制人。

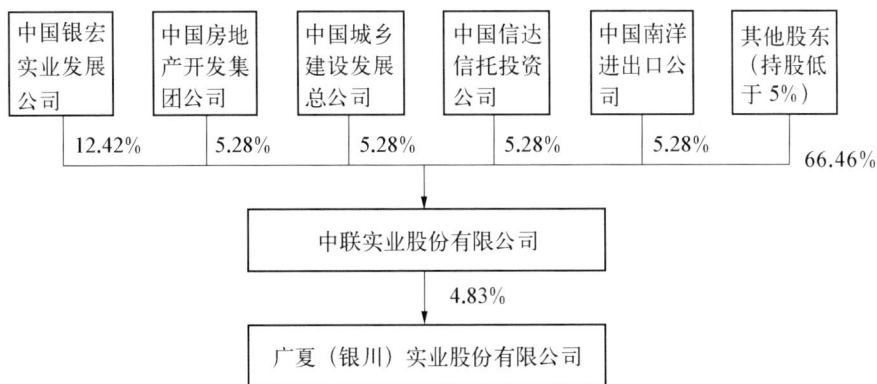

图5-3　公众持有:广夏(银川)实业股份有限公司的控股结构图

第四个例子是东风汽车股份有限公司,一个在上海证券交易所上市的汽车制造企业,它是一个共同控制公司,其控股结构图见图5-4。如

图 5-4 所示,东风汽车股份有限公司的控股股东是东风汽车有限公司,直接持有上市公司 60.1% 的股份。东风汽车有限公司只有两个不同股东,分别是最终控制人为国务院国资委的东风汽车集团股份有限公司和最终控制人为法国雷诺公司的日产(中国)投资有限公司,各自持有 50% 的股权。因此,上市公司东风汽车被国务院国资委和法国雷诺公司共同控制。

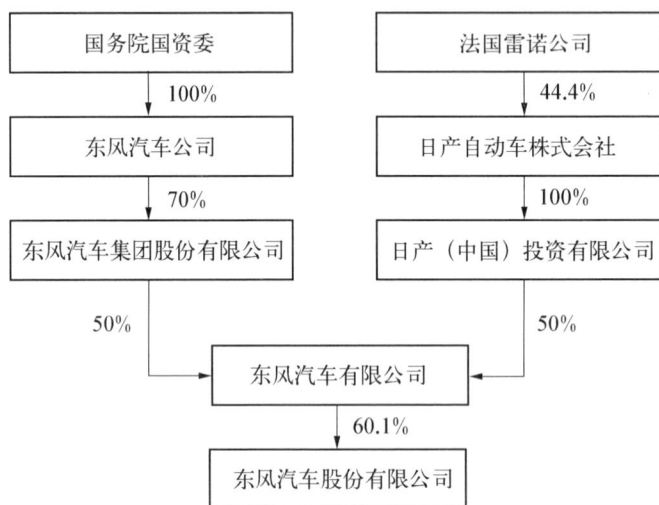

图 5-4 共同控制:东风汽车股份有限公司的控股结构图

第五个例子是连云港如意集团有限公司,一个在深圳证券交易所上市的农业公司,它是一个交叉持股公司,其控股结构图见图 5-5。如图 5-5 所示,如意集团的控股股东是中国远大集团有限责任公司,直接持有如意集团 37.08% 的股份。中国远大(香港)发展有限公司持有中国远大集团有限责任公司 80% 的股份,而中国远大集团有限责任公司又持有中国远大(香港)发展有限公司 90% 的股份,从而形成了一个交叉持股的控制权结构。

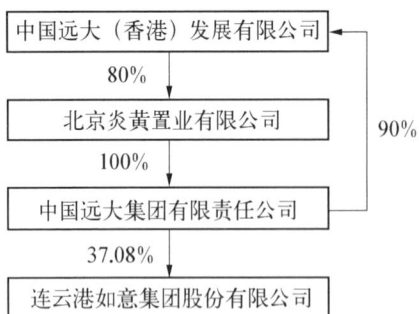

图 5-5 交叉持股:连云港如意集团股份有限公司的控股结构图

5.3　中国上市公司终极产权：描述性统计及国际比较

5.3.1　终极产权描述性统计

表 5-3 列出了在 10％下限条件下中国上市公司的最终控制人分布情况。① 在全部样本中,国有控制公司所占比重逐年下降,非国有控制公司所占比重逐渐上升,并超过国有控制公司所占比重。分年度来看,国有控制公司所占比重从 2008 年的 62％下降到 2011 年的 48％,而非国有控制公司所占比重从 2008 年的 38％上升到 2011 年的 52％。这一现象与近年来我国所有制改革中的"国退民进"趋势是基本一致的。

表 5-3　中国上市公司最终控制权

年度		国有控制		非国有控制		合　　计	
	年度	数量(家)	比例	数量(家)	比例	数量(家)	比例
10％分界水平	2008	848	62％	526	38％	1 374	100％
	2009	851	59％	600	41％	1 451	100％
	2010	868	56％	679	44％	1 547	100％
	2011	908	48％	983	52％	1 891	100％
20％分界水平	2008	767	63％	441	37％	1 208	100％
	2009	776	61％	504	39％	1 280	100％
	2010	794	58％	572	42％	1 366	100％
	2011	825	49％	859	51％	1 684	100％

注：本表列出了在 10％下限条件下由不同控制性所有者控制的公司数量和比例。

---

① 在 10％的分界水平,本书所使用的 6 645 个观测值中有 6 263 个观测值属于国有或非国有控制,其他类型所占比例非常低。本书接下来的部分,主要使用包含了 6 263 个观测值的样本作为研究对象。

当把下限条件提高到 20％时,国有控制和非国有控制两类公司(5 538个观测值)占全部样本(6 645 个观测值)的比重为 83％。在可以识别最终控制人的国有控制和非国有控制两类公司中,与 10％的下限条件相比,国有和非国有的比重几乎没有发生变化,国有控制公司占比从 2008 年的63％下降到 2011 年的 49％,非国有控制公司占比从 2008 年的 37％上升到 2011 年的 51％。

表 5－4 列出了中国上市公司的所有权和控制权的描述性统计。表 5－4 中的 A 栏显示了平均而言,中国上市公司的最终控制人拥有的所有权为 32.05％。从年度趋势来看,2008 年上市公司最终控制人拥有的所有权为 30.74％,2011 则上升到 33.59％,这反映了中国上市公司所有权在逐步提高。

表 5－4 的 B 栏显示了平均而言,中国上市公司的最终控制人控制了38.26％的投票权,从年度趋势来看,2008 年上市公司最终控制人的投票权为 37.27％,2011 则上升到 39.39％,这反映了中国上市公司投票权在逐步提高。

表 5－4 的 C 栏显示了平均而言,中国上市公司最终控制人投票权和所有权的分离程度为 6.06％,即投票权与所有权之差为 6.06％。从年度趋势来看,2008 年上市公司最终控制人的投票权和所有权的分离程度为6.48％,2011 则上升到 5.67％,这反映了中国上市公司最终控制人的投票权和所有权分离程度在缩小,但是这一趋势并不是非常明显。

表 5－4　中国上市公司的所有权和控制权

市　场	公司数量	均值(％)	标准差(％)	最小值(％)	最大值(％)
Panel A: 所有权					
2008	1 374	30.74	16.71	0.52	92.00
2009	1 451	31.28	17.29	2.60	92.00
2010	1 547	32.08	17.41	2.64	86.29
2011	1 891	33.59	17.49	2.75	89.40
合计	6 263	32.05	17.29	0.52	92.00

市　场	公司数量	均值(%)	标准差(%)	最小值(%)	最大值(%)
Panel B：控制权					
2008	1 374	37.27	14.96	10.12	92.00
2009	1 451	37.85	15.44	10.00	92.00
2010	1 547	38.16	15.65	10.00	89.41
2011	1 891	39.39	15.94	10.00	89.41
合计	6 263	38.26	15.56	10.00	92.00
Panel C：控制权与所有权的分离程度					
2008	1 374	6.48	8.65	0.00	46.35
2009	1 451	6.32	8.49	0.00	42.93
2010	1 547	5.89	8.21	0.00	39.83
2011	1 891	5.67	8.06	0.00	39.83
合计	6 263	6.06	8.33	0.00	46.35

5.3.2　国际比较

在对中国上市公司终极产权现状进行详细分析的基础上,我们将这一结果与东亚地区上市公司的相应资料进行比较分析,以便更清晰地理解这一问题。首先比较的是上市公司最终控制人类型的分布情况,相关资料见表 5 - 5。

表 5 - 5　东亚地区上市公司最终控制人类型

国家或地区	国有控制(%)	非国有控制(%)
中国内地	52.3	47.7
中国香港	3.7	95.7
印度尼西亚	10.2	89.2
日　本	1.1	56.9
韩　国	5.1	80.6

续　表

国家或地区	国有控制(%)	非国有控制(%)
马来西亚	18.2	80.8
菲律宾	3.6	94.8
新加坡	23.6	75.0
中国台湾	3.0	94.1
泰　国	7.5	90.3

注:中国内地上市公司数据根据前文结果整理得到,其他国家和中国港台地区数据来源于克莱森斯等(Claessens et al.,2000),由我们整理得出。控制权的下限水平为10%。

从表5-5不难发现,在10%下限水平上,与东亚其他国家和中国香港、中国台湾地区相比,国有控制上市公司在中国内地所占的比重最高,是位列第二位的新加坡的2倍多,日本国有控制上市公司的比重最低(1.1%);中国内地非国有控制上市公司的比重最低,仅为47.7%。从整体上看,中国内地上市公司最终控制人类型的分布情况与东亚其他国家和中国香港、中国台湾地区存在明显的差别,突出表现在国有控制上市公司所占比重远远高于东亚其他国家和港台地区,而非国有控制上市公司所占比重则显著低于东亚其他国家和港台地区。

表5-6列出了东亚地区上市公司的所有权和控制权的平均值。就控制权而言,与东亚地区其他国家和港台地区相比,中国内地上市公司最终控制人的控制权最高,是东亚其他国家和中国港台地区平均水平的近2倍,是日本的3.6倍,说明中国内地上市公司的控制权最为集中。就所有权而言,与东亚其他国家和港台地区相比,中国内地上市公司最终控制人的所有权也比较高,仅次于泰国(32.84%),是东亚其他国家和中国港台地区平均水平的近2倍,是日本的4倍多,表明中国内地上市公司最终控制人拥有较为集中的所有权。从控制权与所有权的分离程度来看,中国内地上市公司的分离程度仅次于印度尼西亚(8.07%)和新加坡(7.33%),明显高于东亚其他国家和中国港台地区平均的分离程度。

表 5-6 东亚地区上市公司的所有权和控制权

国家或地区	控制权(%)	所有权(%)	控制权-所有权(%)
中国内地	38.26	32.05	6.06
东亚诸国及中国港台地区平均	19.77	15.70	4.07
中国香港	28.08	24.30	3.78
印度尼西亚	33.68	25.61	8.07
日 本	10.33	6.90	3.43
韩 国	17.78	13.96	3.82
马来西亚	28.32	23.89	4.43
菲律宾	24.36	21.34	3.02
新加坡	27.52	20.19	7.33
中国台湾	18.96	15.98	2.98
泰 国	35.25	32.84	2.41

注:中国内地上市公司数据根据前文结果整理得到,其他国家和中国港台地区数据来源于克莱森斯等(Claessens et al.,2000)。控制权的下限水平为10%。

5.4 本章小结

作为本书实证分析部分的开始,本章使用 2008 年至 2011 年中国上市公司的相关资料,通过层层追溯控制链,分析了中国上市公司的终极产权。研究结果表明,大多数中国上市公司都是由各级政府持有或者由家族控制,公众持有、共同控制和交叉持股等所占比例比较低;与东亚其他国家和地区相比,中国上市公司具有更高的所有权和控制权,以及较高的控制权和所有权的分离程度。上述分析使得我们对股权分置改革之后中国上市公司的终极产权结构有了一个初步了解。在接下来的部分,我们将使用由中国上市公司构成的样本,从不同的角度,采用不同的方法对本书理论部分提出的终极产权与利益侵占之间关系的相关命题进行经验分析,以更深入地了解中国上市公司终极产权的影响。

第6章 终极产权与利益侵占：基于关联交易的计量分析

本部分我们将在前面理论分析的基础上，利用来自中国上市公司的相关数据，采用计量回归方法来考察终极产权与利益侵占之间的关系。对于利益侵占程度的衡量，本部分主要使用关联交易规模来反映，为了稳健起见，我们对这一指标进行了多种形式的调整，以保证结论的可靠性。本章的相关分析为终极产权与利益侵占的理论命题提供了经验证据。

6.1 引　　言

中国上市公司中普遍存在着严重的关联交易问题。根据段亚林(2001)的研究，我国上市公司的关联方通过关联交易从上市公司净转移并占用了大量的资金，1999 年关联方净占用上市公司资金为 1 078.94 亿元，关联交易的主要实施方与主要受益方均为上市公司的母公司，同时还有相当部分上市公司的母公司利用其他关联方的名义隐性占用了上市公司的资金，因此母公司实际的资金占用比例应当大大超出报表中披露的名义数据。[①] 陈信元等(2003)发现 2000 年中国资本市场 45.67％的收购兼并、60.23％的资产出售和83.33％的资产置换是发生在上市公司与母公司及其主要的关联方之间。[②] 陈晓等(2005)对 1998 年至 2002 年间上市公司

---

① 段亚林.非公平关联交易下的公司利益转移问题研究[R].深圳证券交易所综合研究所研究报告,第 0047 号,2001.
② 陈信元,叶鹏飞,陈冬华.机会主义重组与刚性管制[J].经济研究,2005(5).

关联交易的统计发现,超过八成以上的上市公司与关联方之间发生了关联交易,其中 2001 年这一比例高达 94%。郑国坚等(2006)指出,我国超过90%的上市公司涉足与大股东的内部市场交易。[①] 李艳荣(2007)的研究发现,2002 年至 2005 年间超过八成的上市公司存在着关联交易,其中绝大部分是发生在上市公司与母公司之间。[②]

　　上述数据以及近年来的大量恶性案例表明关联交易已经成为我国上市公司治理的一个严重问题。尽管政府监管部门就关联交易问题先后出台了多项规定,然而上市公司的关联交易问题仍然没有得到有效的控制。那么,为什么中国上市公司会存在如此严重的关联交易现象?

　　在影响关联交易的众多因素之中,股权结构被认为是其中的重要因素,学者们对股权结构与关联交易之间的关系进行了很多研究。李增泉等(2004)[③]发现,控股股东占用上市公司资金与其持股比例之间存在先上升后下降的关系;陈晓等(2005)的研究发现控股股东持股比例越高,发生关联交易的金额就越大;佟岩等(2007)的研究也得出了类似的结论,第一大股东持股比例与关联交易的发生情况正相关。但是,这些研究大多是基于直接股东的分析,即将控股股东定义为第一股东(或将年报所披露的前十大股东中存在控制性关联关系的各方持股比例相加,持股比例最高的为控股股东),并没有逐层找到上市公司的最终控制人。因此,本章将在前面几章分析的基础上,采用中国 A 股上市公司的数据,从最终控制人的角度分析最终控制人的控制权和所有权对关联交易的影响。

6.2　最终控制人集团及关联交易的定义

　　中国资本市场中的上市公司大多系国有企业改制而来,与改组前的母

---

①　郑国坚,魏明海,孔东民.大股东的内部市场与上市公司价值的 N 型关系——基于效率观点和掏空观点的实证检验[R].中山大学工作论文,2006.

②　李艳荣.内部资本市场、财务歧视和关联交易——对我国上市公司融投资行为的一个新解释[J].财贸经济,2007(4).

③　李增泉,孙铮,王志伟."掏空"与所有权安排——来自我国上市公司大股东资金占用的经验证据[J].会计研究,2004(12).

公司及其下属企业之间存在着千丝万缕的联系,与最终控制人有着大量的关联购销、资产重组、资金往来、担保抵押等行为。最终控制人往往以中小股东的利益为代价,频繁利用这些关联交易来进行利益输送,使得关联交易成为最终控制人对中小股东进行利益侵占的主要手段之一。针对中国资本市场的研究表明,关联交易降低了盈余质量(佟岩等,2007①)、导致了股票收益下降(张祥建等,2007②)、损害了公司价值(唐松等,2008③)。

最终控制人不仅可以直接与上市公司发生关联交易,而且还可能通过其控制的其他子公司等与上市公司进行关联交易。因此,本书将关联交易的关联方定义为最终控制人集团,包括了最终控制人自身及最终控制人所控制的其他成员公司(蔡卫星和高明华,2010)。④

本书根据关联交易资金往来的方向来定义关键被解释变量。根据关联交易资金往来的方向,可以大体划分为应收和应付两大类,其中,应收类是指上市公司处于卖方地位,资金从最终控制人集团流向上市公司,此时相当于上市公司为最终控制人提供了商业信用;应付类是指上市公司处于买方地位,资金从上市公司流向了最终控制人集团,此时相当于最终控制人集团为上市公司提供了商业信用。在上述两种流向的关联交易中,应收项目被认为是最终控制人最常见的侵占渠道(渡边真理子,2011)。⑤

根据国泰安数据库的分类,应收类项目主要包括应收资金、应收账款、应收票据、预付账款、应收利润、应收投资以及其他应收账款类。本书在设计关键被解释变量时,主要使用应收类项目合计,在此基础上,考虑到应收账款是应收类项目所占比重最大的,还单独使用了应收账款项目。

在计算应收类关联交易金额时,对于以外币计价的金额,本书采用当年年底中国银行公布的外汇牌价进行折算。考虑到不同上市公司间的差

---

① 佟岩,程小可.关联交易利益流向与中国上市公司盈余质量[J].管理世界,2007(11).

② 张祥建,王东静,徐晋.关联交易与控制性股东的"隧道行为"[J].南方经济,2007(5).

③ 唐松,周国良,于旭辉,孙铮.股权结构、资产质量与关联担保——来自中国 A 股上市公司的经验证据[J].中国会计与财务研究,2008(10).

④ 蔡卫星,高明华.终极股东的所有权、控制权与利益侵占:来自关联交易的经验证据[J].南方经济,2010(2).

⑤ 渡边真理子.国有控股上市公司的控制权、金字塔式结构与侵占行为[J].金融研究,2011(6).

别,本书用年末总资产对关联交易金额进行标准化,即用应收类关联交易年度发生金额占年末总资产的比重作为衡量关联交易规模相对程度的变量,应收类关联交易的规模越大,意味着最终控制人对上市公司和中小投资者的利益侵占程度越严重。[1]

6.3　研究假设

本书用最终控制人集团与上市公司之间的应收类关联交易规模来作为衡量最终控制人对侵占上市公司利益程度的指标,讨论最终控制人的所有权、控制权、分离程度及最终控制人类型与关联交易规模之间的关系。

根据第四章理论分析得出的基本命题,我们提出如下研究假设:

假设 6‑1:最终控制人的所有权越大,应收类关联交易规模越低。

假设 6‑2:最终控制人的控制权越大,应收类关联交易规模越高。

假设 6‑3:最终控制人控制权和所有权的分离程度越大,应收类关联交易规模越高。

假设 6‑4:国有控制上市公司应收类关联交易规模高于非国有控制上市公司。

在本章接下来的部分,我们将使用中国证券市场的数据来对上述四个假设进行实证检验。

6.4　实证分析

6.4.1　样本、数据来源与变量定义

6.4.1.1　样本与数据

我们以 2008 年至 2011 年间在沪深证券交易所上市的全部上市公司

---

[1]　我们在本章的实证分析中对用关联交易指标衡量利益侵占程度的其他方式进行了讨论。

为初始样本。根据以下原则剔除了一些样本：(1) 由于需要滞后一期数据，剔除了上市时间不足一年的公司；(2) 考虑到资本结构等方面的差异，剔除了金融行业上市公司；(3) 剔除了部分数据缺失的公司。经过上述处理方式，本书最终得到了包含 6 645 个年度公司的研究样本。样本选择过程如表 6-1 所示。本书所使用的最终控制人数据、财务数据来自国泰安数据库，并对主要数据采取年报核对的方式进行检查。为了防止极端值 (outlier) 对结果的影响，我们对所有连续变量进行了缩尾调整 (winsorizing)，将该变量中大于 95% 分位的数值调整到 95% 分位的数值。[①]

表 6-1　样本选择过程

样本选择过程	样本数量
2008 年至 2011 年 CSMAR 数据库初始样本	8 629
减　去	
上市时间不足一年样本	651
金融行业样本	147
数据不全样本	1 186
最终样本	6 645

6.4.1.2　变量定义

(1) 被解释变量

本章的研究以应收类关联交易规模 (Related-Party Transactions, RPT) 作为被解释变量，这一变量的定义由本章第二节给出，即用应收类关联交易年度发生金额占年末总资产的比重作为衡量关联交易规模相对程度的变量。我们用这一指标来衡量最终控制人对上市公司的侵占程度。

(2) 解释变量

本章的解释变量是股权结构变量。对上市公司股权结构的描述依赖于本书之前对最终控制人的刻画。具体而言，本章中的解释变量包括：

[①]　采用调整前的原始值对本文主要结论的性质没有影响。

第一,最终控制人的所有权(CF)、控制权(VR)及其分离程度(DIV)。最终控制人的所有权在文献中又被称为现金流权,等于控制链条上各所有权比例的乘积。最终控制人的控制权在文献中又被称为投票权,等于控制链条上最弱的一环。正式地,假设某上市公司的控制层级为 n,每层的所有权为 α_i,则最终控制人的现金流权(所有权)为 $\prod \alpha_1 \alpha_2 \cdots \alpha_n$,控制权为 $\min(\alpha_1, \alpha_2, \cdots, \alpha_n)$。最终控制人控制权和所有权之差即为分离程度。

第二,最终控制人类型(SOE)。当最终控制人为国有时,取值为 1,否则取值为 0。

(3) 控制变量

影响上市公司关联交易规模的因素是复杂的,为此我们引入以下一组控制变量:

① 公司规模(SIZE),用公司总资产的对数来表示。

② 负债程度(LEV),用总资产负债率来衡量。

③ 成长能力(GROWTH),用总资产增长率来代表。

④ 行业和年度虚拟变量(Industry Dummy)。在具体的行业分类上,本书采用证监会行业分类标准,以综合类为基准组,其中制造业细分到二级行业,其他行业分类为一级行业。在年度虚拟变量上,以 2008 年为基准,设置了 3 个年度虚拟变量。

表 6-2 列出了本书研究所使用的全部变量的定义和说明。

表 6-2　变量定义与说明

变量类型	变量名称	变 量 定 义
被解释变量	关联交易规模(RPT)	上市公司与最终控制人集团之间发生的应付类关联交易金额占年末总资产的比重。
解释变量	控制权(VR)	等于控制链条上最弱的一环。
	所有权(CF)	等于控制链条上各股权比例的乘积。
	分离程度(DIV)	等于最终控制人的控制权减去所有权。
	最终控制人类型(SOE)	当最终控制人为国有时,取值为 1,否则取值为 0。

续　表

变量类型	变量名称	变 量 定 义
控制变量	公司规模(SIZE)	用公司总资产的自然对数来代表公司规模。
	负债程度(LEV)	用总资产负债率来衡量负债程度。
	成长能力(GROWTH)	用总资产增长率来代表。
	行业虚拟变量(Industry)	采用证监会分类标准,以综合类为基准组,其中制造业细分到二级行业,其他行业分类为一级行业。
	年度虚拟变量(Year)	以2008年为基准,设置了3个年度虚拟变量。

6.4.2　描述性统计

表6-3列出了最终控制人的控制权和所有权的描述性统计。

表6-3　最终控制人控制权和所有权的描述性统计

PanelA:不同分界水平下的最终控制人类型				
最终控制人类型	10%分界		20%分界	
	公司数量(家)	占全部样本比例(%)	公司数量(家)	占全部样本比例(%)
国有控制	3 475	52.29%	3 162	47.58%
非国有控制	2 788	41.96%	2 376	35.76%
公众控制	261	5.75%	1 107	16.66%
合　计	6 645	100%	6 645	100%
PanelB:所有权、控制权及其分离程度(10%的分界水平)				
	均值(%)	标准差(%)	最小值(%)	最大值(%)
所有权	32.059	17.291	2.838	74.650
控制权	38.268	15.562	10	75.840
分离程度	6.060	8.338	0	29.448

表 6-3 的 A 栏报告了最终控制人的类型。在 10％控制权下限的水平上，国有控制上市公司所占的比重最高，大约 52％的上市公司被政府控制着，与之前的研究相比，国有控制上市公司所占比重已经有所下降（蔡卫星和高明华，2010）；非国有最终控制人控制了剩下的大约 42％的上市公司，而不存在最终控制人的公众持有上市公司数量很少，占全部样本的比例不足 6％（我们在多元回归分析中使用了 10％的下限水平）。该栏也显示了在 20％控制权下限水平上的最终控制人类型分布。我们发现在这一分界水平上上市公司最终控制人的类型分布并未发生太大的变化，国有控制上市公司所占的比重从大约 52％下降到 48％左右，而非国有控制的上市公司所占比重仅从 42％稍稍下降至 36％左右，公众持有公司的比重则有所上升（我们在稳健性检验中使用 20％的下限水平来考察本书结果的可靠性）。这表明在大多数上市公司中最大的股东均持有 20％以上的股份。

表 6-3 的 B 栏报告了最终控制人的所有权、控制权及其分离程度。最终控制人控制的所有权均值为 32％，掌握的控制权均值为 38％，这两项指标均远远高于克莱森斯，詹科夫和郎咸平（Claessens，Djankov ＆ Lang，2000）研究中东亚国家和地区的平均水平，表明中国上市公司具有更为集中的所有权。控制权与所有权的分离程度均值为 6％，但在不同的公司间存在着较大的差别，最小分离程度为 0，最大分离程度高达 30％左右。

主要变量的描述性统计见表 6-4。表 6-4 的结果显示，上市公司与最终控制人之间的应付类关联交易金额占比为 0.8％，但是个体差异很大，超过半数的上市公司与最终控制人集团的关联交易不存在应付类项目，这可能与两个方面有关：一是上市公司与最终控制人集团的关联交易受到越来越严格的监管，导致此类交易数量下降；二是有一部分关联交易可能采用的是现金交易。此外，从主要控制变量的描述性统计来看，不同上市公司之间的差异是比较大的，为本书的数据分析提供了良好的基础。

表 6 - 4　主要变量的描述性统计

	均　值	中位数	标准差	最小值	最大值
RPT	0.008	0	1.233	0	0.645
SIZE	21.681	21.547	1.328	18.462	26.681
LEV	0.496	0.501	0.221	0.002	1
Growth	0.167	0.107	0.289	−0.411	1.283

组间比较检验的结果见表 6 - 5。我们分别采用了组间比较的均值检验(T 检验)和中位数检验(Z 检验)。表 6 - 5 的 A 栏结果显示,与所有权和控制权没有分离的上市公司相比,所有权和控制权分离的上市公司应付类关联交易的比重明显要更高一些,其中均值差异在 1% 的水平下显著;B 栏结果显示,与非国有企业相比,国有上市公司的应付类关联交易比重要更多一些,无论是均值检验还是中位数检验均在 1% 的水平下显著。这初步支持了本书提出的研究假设。

表 6 - 5　基于所有权和控制权分离的组间比较

Panel A：基于所有权和控制权分离的组间比较					
	所有权和控制权分离		所有权和控制权没有分离		DIFF
	均　值	中位数	均　值	中位数	均　值	中位数
RPT	0.010	0	0.007	0	0.003*** (3.006)	0 (0.869)

Panel B：基于所有制性质的组间比较					
	国　有		非国有		DIFF
	均　值	中位数	均　值	中位数	均　值	中位数
RPT	0.012	0.000 4	0.004	0	0.008*** (9.052)	0.000 4*** (27.669)

注：* 表示在 10% 的显著性水平下显著, ** 表示在 5% 的显著性水平下显著, *** 表示在 1% 的显著性水平下显著。括号内数值为对应的 T 值(Z 值)。

6.4.3　多元回归分析

6.4.3.1　计量回归模型设定与回归方法

(1) 计量回归模型

根据上文的分析,我们构建如下回归模型来检验本书的三个研究结论：

$$RPT = \beta_0 + \beta_o \times Ownership + \beta_c \times Controls + \varepsilon \qquad (6.1)$$

方程(6.1)中 RPT 为关联交易规模变量, $Ownership\ variables$ 为股权结构变量,我们将根据假设检验的需要,依次引入最终控制人所有权(CF)、控制权(VR)、分离程度(DIV)以及最终控制人类型(SOE)。[①]

在这里,本书关心的是 $Ownership$ 有关变量的估计系数。根据前面的假设,如果 CF 的估计系数为负,则代表最终控制人持有的所有权份额越高,最终控制人集团与上市公司之间的关联交易规模越低;如果 VR 的估计系数为正,则意味着最终控制人掌握的控制权水平越高,最终控制人集团与上市公司之间的关联交易规模越高;如果 DIV 的估计系数为正,则说明最终控制人控制权与所有权的分离程度越大,最终控制人集团与上市公司之间的关联交易规模越高;如果 SOE 的估计系数显著为正,则表明国有性质的最终控制人集团与上市公司之间的关联交易规模要高于非国有性质。

(2) 回归方法：Tobit 回归

本书的样本中有部分上市公司没有发生关联交易行为,使得这部分样本的关联交易规模为 0,从而使得关联交易规模作为被解释变量时的观察值是不连续的,这类变量是一种限值因变量,即在严格为正值是大致连续,但总体中有一个不可忽略的部分取值为 0。对这类变量如果直接用 OLS 回归,得到的 OLS 估计量是有偏(biased)且不一致(inconsistent)。就这

---

① 在这里我们假设了一个特定方向的因果关系,即股权结构对关联交易规模的影响。我们在随后的稳健性检验中进一步讨论这一假设。

类限值因变量而言,Tobit 回归是更为适合的方法(Wooldrige,2002)。

令 y 表示一个实际上在严格正值域上连续但是以正概率取值零的变量。Tobit 模型可以很容易地定义为一个潜变量(latent variable)模型:

$$y^* = \beta_0 + x\beta + u, \ u|x \sim Normal(0, \sigma^2) \qquad (6.2)$$

$$y = \max(0, y^*) \qquad (6.3)$$

潜变量 y^* 满足经典线性模型假定;具体而言,它服从具有线性条件均值的正态同方差分布。方程(6.3)意味着,当 $y^* \geqslant 0$ 时,所观测到的变量 y 等于 y^*,但当 $y^* \leqslant 0$ 时,则 $y = 0$。由于 y^* 正态分布,所以 y 在严格正值上连续分布。具体而言,对于正值,给定 x 下 y 的密度与给定 x 下 y^* 的密度一样。而且,u/σ 服从标准正态分布并且独立于 x,所以

$$P(y = 0) = P(y^* < 0|x) = P(u < -x\beta) = P(u < -x\beta/\sigma)$$
$$= \Phi(-x\beta/\sigma) = 1 - \Phi(x\beta/\sigma) \qquad (6.4)$$

为了记法上的方便,这里将截距项放到了 x 中。因此,如果 (x_i, y_i) 是得自总体中的一次随机抽取,则在给定 x_i 下 y_i 的密度为

$$(2\pi\sigma^2)^{-1/2}\exp[-(y - x_i\beta)^2/(2\sigma^2)] = (1/\sigma)\phi[(y - x_i\beta)/\sigma], \ y > 0$$
$$\qquad (6.5)$$

$$P(y_i = 0|x_i) = 1 - \Phi(x_i\beta/\sigma) \qquad (6.6)$$

式中,ϕ 为标准正态分布函数。

我们可以从式(6.5)和式(6.6)中得到每个观测 i 的对数似然函数:

$$l_i(\beta, \sigma) = 1(y_i = 0)\log[1 - \Phi(x_i\beta/\sigma)] + 1(y_i > 0)\log\{(1/\sigma)\phi[(y_i - x_i\beta)/\sigma]\}$$
$$\qquad (6.7)$$

通过将式(6.7)对 i 求和,就可以得到容量为 n 的一个随机样本的对数似然函数。通过最大化这个对数似然函数,可以得到 β 和 σ 的最大似然估计值。

每个 Tobit 估计值都有标准误,因此可以用来构造每个 $\hat{\beta}_j$ 的统计量;用于求标准误的矩阵表达式很复杂,这里就不再给出,相关推导可参见

Wooldrige(2002)。

6.4.3.2　回归结果及分析

我们首先采用回归模型(6.1)来检验本书的假设1和假设2,回归结果如表6-6所示。表6-6中回归(1)、(2)是针对所有权和控制权的Tobit回归结果;回归(3)、(4)是针对所有权和控制权的分离程度的Tobit回归结果。首先,回归(1)的估计结果表明,所有权(CF)的估计系数为负,并且在统计上(1%的显著性水平)是显著的,即最终控制人的所有权越高,关联交易规模越低。这一结果验证了本书的假设6-1,说明最终控制人的所有权具有了更多的"激励效应",从而弱化了最终控制人进行利益侵占的动机;最终控制人的控制权(VR)的回归系数为正,并且依然在统计上(1%的显著性水平)是显著的,即最终控制人的控制权越大,关联交易规模越大。这一结果验证了本书的假设6-2,说明最终控制人的控制权提供了更多的"壁垒效应",使得他可以更容易地通过关联交易等手段来侵占上市公司和中小股东的利益。回归(2)的结果表明,在加入了主要控制变量后,最终控制人的所有权和控制权的估计系数以及显著性程度基本上没有发生实质性变化,表明上述估计结果的稳健性。因此,表6-6的回归结果验证了本书的假设6-1和假设6-2。

表6-6　最终控制人控制权、所有权对应付类关联交易的影响

	被解释变量：RPT			
	回归(1)	回归(2)	回归(3)	回归(4)
CF	-0.055^{***}	-0.053^{***}		
	(-5.81)	(-5.63)		
VR	0.106^{***}	0.102^{***}		
	(8.76)	(8.31)		
DIV			0.061^{***}	0.061^{***}
			(5.94)	(5.90)
SIZE		0.003^{***}		0.005^{***}
		(5.94)		(8.66)

	被解释变量：RPT			
	回归(1)	回归(2)	回归(3)	回归(4)
LEV		0.033***		0.029***
		(6.61)		(5.94)
Growth		−0.009***		−0.007**
		(−3.27)		(−2.46)
常数项	−0.066**	−0.157***	−0.047*	−0.175***
	(−2.57)	(−6.06)	(−1.73)	(−6.14)
Industry	Y	Y	Y	Y
Year	Y	Y	Y	Y
F 统计量	8.68	9.37	7.75	9.43
Prob＞F	0.000 0	0.000 0	0.000 0	0.000 0
样本数	6 263	6 263	6 263	6 263

注：* 表示在10%的显著性水平下显著，** 表示在5%的显著性水平下显著，*** 表示在1%的显著性水平下显著。所有的回归结果中均控制了异方差问题的影响，t 值基于异方差文件标准误。

回归(3)的估计结果表明，最终控制人的控制权与所有权分离程度(DIV)的回归系数为正，并且依然在统计上(1%的显著性水平)是显著的，这意味着最终控制人控制权与所有权的分离程度越大，关联交易的规模就更大，最终控制人对中小股东利益侵占的水平就更高。这一结果验证了本书的假设6-3，说明当最终控制人的控制权与所有权之间差距较大时，壁垒效应会尤为严重，因为最终控制人侵占中小股东利益的意愿较少受到其所有权的限制。回归(4)的结果表明，在加入了主要控制变量后，最终控制人的所有权和控制权分离程度的估计系数以及显著性程度基本上没有发生实质性变化，表明上述估计结果的稳健性。

不同最终控制人类型与关联交易规模的回归结果见表6-7。表6-7中回归(1)的结果表明，在没有添加主要控制变量的情况下，最终控制人类型(SOE)的估计系数为正，并且在1%的水平下显著，这一结果证明了假设6-4，说明国有性质的最终控制人与上市公司之间的关联交易规模更大。回归(2)和(3)分别是在加入了主要控制变量之后的估计结果，我们发现,最终控制人类型(SOE)的估计系数和显著性水平基本上没有发生实质性的变化,这进一步说明了本书研究结论的稳健性。综合起来,表 6 - 7 的估计结果说明,相对于非国有性质的最终控制人,国有性质的最终控制人与上市公司之间的关联交易规模更大,这为本书的研究假设 6 - 4 提供了有力的经验证据支持。

表 6 - 7　最终控制人类型对应付类关联交易比重的影响

	被解释变量：RPT		
	回归(1)	回归(2)	回归(3)
SOE	0.032***	0.033***	0.034***
	(12.94)	(12.04)	(12.28)
CF		−0.097***	
		(−8.38)	
VR		0.134***	
		(9.81)	
DIV			0.107***
			(8.57)
SIZE		0.001	0.001**
		(0.33)	(2.28)
LEV		0.024***	0.021***
		(5.15)	(4.55)
Growth		−0.004	−0.003
		(−1.61)	(−0.95)
常数项	−0.067*	−0.113***	−0.125***
	(−2.20)	(−4.70)	(−4.90)
Industry	Y	Y	Y
Year	Y	Y	Y
F 统计量	12.42	11.26	11.55
Prob＞F	0.000 0	0.000 0	0.000 0
样本数	6 263	6 263	6 263

注: * 表示在 10% 的显著性水平下显著, ** 表示在 5% 的显著性水平下显著, *** 表示在 1% 的显著性水平下显著。所有的回归结果中均控制了异方差问题的影响, t 值基于异方差文件标准误。

我们进一步将不同类型的应付类关联交易进行分类,选择发生比例最高的三种关联交易类型("应付账款"、"预收账款"和"其他应付款")作为被解释变量,对最终控制人的控制权和所有权进行分类检验,回归结果如表6-8所示,其中回归(1)、(3)、(5)是关于控制权和所有权的分析,回归(2)、(4)、(6)是关于控制权与所有权分离程度的分析。从表6-8我们可以清楚地看到,最终控制人的所有权变量的回归系数在所有的三个回归中均为正,并且均在1%的显著性水平上是显著的;控制权变量的回归系数在所有的三个回归中均为负,并且在统计上也是显著的;分离程度变量的回归系数在全部的三个回归中均为正,并且在统计上也是显著的,最终控制人类型变量在所有三个回归中均为正,并且在统计上是显著的。上述结果进一步验证了本书的四个假设。

表6-8　分关联交易类型的回归结果

	应付账款		预收账款		其他应付款	
	回归(1)	回归(2)	回归(3)	回归(4)	回归(5)	回归(6)
CF	−0.078***		−0.025***		−0.030***	
	(−7.25)		(−4.72)		(−4.27)	
VR	0.113***		0.035***		0.042***	
	(8.64)		(6.05)		(4.79)	
DIV		0.088***		0.029***		0.033***
		(7.36)		(5.08)		(4.32)
SOE	0.031***	0.033***	0.009***	0.009***	0.012***	0.012***
	(10.82)	(11.00)	(7.32)	(7.64)	(5.09)	(5.18)
SIZE	0.001**	0.002***	0.002***	0.003***	0.001**	0.002***
	(2.15)	(4.14)	(8.30)	(9.14)	(2.54)	(3.37)
LEV	0.021***	0.017***	0.005***	0.004**	0.021***	0.021***
	(4.76)	(4.13)	(3.15)	(2.45)	(3.99)	(3.92)
Growth	−0.005*	−0.003	0.002*	0.002**	−0.004**	−0.004*
	(−1.84)	(−1.25)	(1.84)	(2.23)	(−2.17)	(−1.89)
常数项	−0.121***	−0.133***	−0.088***	−0.092***	−0.089***	−0.092***
	(−5.21)	(−5.36)	(−7.67)	(−7.70)	(−4.55)	(−4.61)

续　表

	应付账款		预收账款		其他应付款	
	回归(1)	回归(2)	回归(3)	回归(4)	回归(5)	回归(6)
Industry	Y	Y	Y	Y	Y	Y
Year	Y	Y	Y	Y	Y	Y
F 统计量	9.51	9.79	7.86	7.61	8.35	8.42
Prob>F	0.000 0	0.000 0	0.000 0	0.000 0	0.000 0	0.000 0
样本数	6 263	6 263	6 263	6 263	6 263	6 263

注：* 表示在 10% 的显著性水平下显著，** 表示在 5% 的显著性水平下显著，*** 表示在 1% 的显著性水平下显著。所有的回归结果中均控制了异方差问题的影响，t 值基于异方差文件标准误。

6.4.4　稳健性讨论

为保证研究结论的可靠性，我们进行了稳健性检验。首先，我们考虑本书的结论是否受到不同控制权分界水平的影响，当控制权分界水平由 10% 上升到 20% 时本书的结论是否依然成立？为此，我们选择 20% 的分界水平对样本进行重新分析，回归结果如表 6 - 9 所示。表 6 - 9 中的回归(1)、(2)、(3)、(4)分别报告了 20% 分界水平的样本中最终控制人的控制权(VR)、所有权(CF)、分离程度(DIV)以及最终控制人类型(SOE)的回归系数和显著性水平。我们发现，与 10% 的分界水平比较，上述四个变量的回归系数与显著性水平均未发生明显变化，本书的四个研究结论依然成立。

表 6 - 9　最终控制人控制权、所有权与关联交易规模：20% 分界水平

	被解释变量：RPT			
	回归(1)	回归(2)	回归(3)	回归(4)
CF	−0.050***		−0.094***	
	(−5.11)		(−7.92)	
VR	0.093***		0.128***	
	(7.15)		(8.85)	

	被解释变量：RPT			
	回归(1)	回归(2)	回归(3)	回归(4)
DIV		0.052***		0.100***
		(5.05)		(7.85)
SOE			0.035***	0.036***
			(11.87)	(11.92)
SIZE	0.004***	0.005***	0.001	0.002***
	(5.95)	(8.16)	(0.85)	(2.63)
LEV	0.036***	0.032***	0.026***	0.023***
	(6.81)	(6.25)	(5.25)	(4.74)
Growth	−0.008**	−0.006*	−0.002	−0.001
	(−2.71)	(−2.08)	(−0.87)	(−0.36)
常数项	−0.165***	−0.179***	−0.123***	−0.134***
	(−6.18)	(−6.16)	(−5.00)	(−5.13)
Industry	Y	Y	Y	Y
Year	Y	Y	Y	Y
F 统计量	9.21	9.49	11.52	11.82
Prob>F	0.000 0	0.000 0	0.000 0	0.000 0
样本数	5 538	5 538	5 538	5 538

注：* 表示在 10% 的显著性水平下显著，** 表示在 5% 的显著性水平下显著，*** 表示在 1% 的显著性水平下显著。所有的回归结果中均控制了异方差问题的影响，t 值基于异方差文件标准误。

其次，我们将被解释变量转换成虚拟变量形式，即上市公司与最终控制人之间是否发生应收类关联交易，然后采用 probit 模型来对方程 6.1 进行重新估计，结果见表 6-10。从表 6-10 的估计结果来看，最终控制人的所有权的估计系数显著为负，表明所有权可以降低关联交易发生的概率；最终控制人的控制权的估计系数显著为正，表明控制权提高了关联交易发生的概率；分离程度的估计系数显著为正，表明所有权和控制权的分离提高了关联交易发生的概率；所有制性质的估计系数显著为正，表明国有股东更容易发生管理交易。整体来看,表 6－10 的结果与之前的结论是一致的。

表 6－10　基于是否发生关联交易的回归结果

	被解释变量：RPT			
	回归(1)	回归(2)	回归(3)	回归(4)
CF	−1.101***		−2.441***	
	(−5.38)		(−10.67)	
VR	2.353***		3.432***	
	(10.26)		(13.64)	
DIV		1.314***		2.709***
		(6.38)		(11.84)
SOE			0.858***	0.891***
			(21.44)	(22.36)
SIZE	0.242***	0.275***	0.153***	0.176***
	(15.31)	(17.89)	(9.39)	(11.06)
LEV	0.834***	0.706***	0.621***	0.514***
	(10.08)	(8.73)	(7.23)	(6.12)
Growth	−0.212***	−0.140**	−0.063	−0.006
	(−3.42)	(−2.30)	(−1.00)	(−0.11)
常数项	−6.912***	−7.130***	−5.801***	−5.954***
	(−10.74)	(−10.55)	(−9.35)	(−9.30)
Industry	Y	Y	Y	Y
Year	Y	Y	Y	Y
chi2 统计量	773.49	721.69	1 124.73	1 115.84
Prob＞chi2	0.000 0	0.000 0	0.000 0	0.000 0
样本数	6 263	6 263	6 263	6 263

注：* 表示在 10% 的显著性水平下显著,** 表示在 5% 的显著性水平下显著,*** 表示在 1% 的显著性水平下显著。所有的回归结果中均控制了异方差问题的影响,t 值基于异方差文件标准误。

接下来我们考虑逆向因果的可能性(reverse causality)。在研究最终控制人的控制权、所有权对关联交易规模的影响时,另一个可能出现的问题是逆向因果的影响,即关联交易规模对最终控制人控制权和所有权的影响。为处理此类内生性问题,参考既有文献(蔡卫星和高明华,2010)[1],我们使用解释变量上一年的观测值与被解释变量进行回归分析,回归结果报告在表6-11中。我们发现,全部估计结果均显示,最终控制人的所有权的估计系数显著为负,控制权的估计系数显著为正,分离程度的估计系数显著为正,所有制性质的估计系数显著为正。从整体上看,解释变量回归系数和显著性水平均未出现明显变化,进一步说明了本书估计结果的可靠性。郎咸平,林斯和米勒(Lang, Lins & Miller, 2004)认为,股权结构更多的是由历史原因所形成的,并且股权结构在相当长时间内是相对稳定的。因此,在本书的研究中由于逆向因果而导致的内生性问题并不严重。

表 6 - 11　内生性问题的控制

	被解释变量: RPT			
	回归(1)	回归(2)	回归(3)	回归(4)
LagCF	−0.052***		−0.090***	
	(−5.18)		(−7.90)	
LagVR	0.092***		0.130***	
	(7.55)		(9.11)	
LagDIV		0.055***		0.104***
		(5.30)		(7.95)
LagSOE			0.033***	0.034***
			(11.94)	(12.08)
SIZE	0.004***	0.005***	0.001	0.002***
	(6.48)	(8.98)	(0.93)	(2.82)

---

[1]　蔡卫星,高明华. 终极股东的所有权、控制权与利益侵占:来自关联交易的经验证据[J].南方经济,2010(2).

	被解释变量：RPT			
	回归(1)	回归(2)	回归(3)	回归(4)
LEV	0.033***	0.029***	0.024***	0.021***
	(6.60)	(5.99)	(5.19)	(4.64)
Growth	−0.007**	−0.007**	−0.003	−0.002
	(−2.48)	(−2.54)	(−1.05)	(−1.07)
常数项	−0.164***	−0.180***	−0.120***	−0.132***
	(−6.17)	(−6.24)	(−4.92)	(−5.10)
Industry	Y	Y	Y	Y
Year	Y	Y	Y	Y
F 统计量	9.44	9.56	11.34	11.67
Prob＞F	0.000 0	0.000 0	0.000 0	0.000 0
样本数	6 252	6 252	6 252	6 252

注：*表示在 10％的显著性水平下显著，**表示在 5％的显著性水平下显著，***表示在 1％的显著性水平下显著。所有的回归结果中均控制了异方差问题的影响，t 值基于异方差文件标准误。

最后，我们对回归方程中的相关变量采用替代指标代入回归模型。对于公司规模的衡量，除了公司总资产外，公司的销售总额也是在研究中经常采用的指标。用上述指标替代模型中原有的控制变量，结果发现对本书主要结论的性质没有实质性影响。

6.4.5　进一步分析：制度环境的影响

本书之前的分析已经表明，所有权和控制权的分离会导致最终控制人对上市公司的侵占行为，但是，最终控制人的侵占行为可能会受到制度环境的影响，不同制度环境下所有权和控制权对利益侵占的影响也可能存在着差异。具体来说，良好的制度环境下所有权和控制权分离程度对侵占行为的影响会弱化，意味着良好的制度环境具有抑制作用。为了检验这一假设,本书用樊纲等(2012)①的市场化指数作为制度环境的代理变量,在方程6.1中加入市场化指数(MKT)变量以及交互项,通过交互项的估计系数来判断制度环境的影响。

表6-12报告了制度环境的影响。从表6-12的回归(1)来看,市场化程度变量的估计系数为负,并且在1%的水平下显著,这意味着更高的市场化程度可以抑制最终控制人的利益侵占行为,降低应收类关联交易比重。回归(2)分别加入了所有权和控制权与市场化程度的交互项,结果显示,所有权和市场化程度的交互项(CF＊MKT)为正,并且在5%的水平下显著,这意味着所有权和制度环境存在着替代现象,良好的制度环境下所有权的作用相对来说就可以降低;控制权和市场化程度的交互项为负,并且在1%的水平下显著,这意味着制度环境对控制权的侵占效应具有抑制作用。回归(3)、(4)是基于所有权和控制权分离程度的估计结果。回归(3)的估计结果显示,市场化程度变量的估计系数显著为负,表明良好的制度环境可以抑制最终控制人对上市公司的利益侵占行为。回归(4)的估计结果显示,分离程度与市场化的交互项(DIV＊MKT)的估计系数显著为负,这意味着良好的制度环境确实可以削弱由于所有权和控制权分离所导致的利益侵占问题。

表6-12 制度环境的影响:基于市场化程度的分析

	被解释变量:RPT			
	回归(1)	回归(2)	回归(3)	回归(4)
CF	−0.056***	−0.166***		
	(−5.84)	(−3.33)		
VR	0.107***	0.255***		
	(8.56)	(4.43)		
CF＊MKT		0.012**		
		(2.45)		

① 樊纲,王小鲁,朱恒鹏.中国市场化指数/各地区市场化相对进程2011年报告[M].北京:经济科学出版社,2012.

	被解释变量：RPT			
	回归(1)	回归(2)	回归(3)	回归(4)
VR * MKT		−0.017***		
		(−2.92)		
DIV			0.062***	0.147***
			(6.03)	(2.86)
DIV * MKT				−0.010*
				(−1.85)
MKT	−0.003***	−0.001	−0.003***	−0.002***
	(−6.55)	(−0.42)	(−6.00)	(−4.21)
SIZE	0.004***	0.004***	0.005***	0.005***
	(6.54)	(6.48)	(9.16)	(9.13)
LEV	0.030***	0.030***	0.026***	0.026***
	(6.14)	(6.17)	(5.43)	(5.45)
Growth	−0.010***	−0.010***	−0.007***	−0.007***
	(−3.54)	(−3.58)	(−2.67)	(−2.67)
常数项	−0.142***	−0.165***	−0.162***	−0.168***
	(−5.58)	(−6.24)	(−5.75)	(−6.02)
Industry	Y	Y	Y	Y
Year	Y	Y	Y	Y
F 统计量	9.29	9.11	9.28	9.35
Prob>F	0.000 0	0.000 0	0.000 0	0.000 0
样本数	6 263	6 263	6 263	6 263

注：* 表示在 10% 的显著性水平下显著，** 表示在 5% 的显著性水平下显著，*** 表示在 1% 的显著性水平下显著。所有的回归结果中均控制了异方差问题的影响，t 值基于异方差文件标准误。

综合上述结果，最终控制人所有权和控制权分离所导致的利益侵占行为受到制度环境的制约，良好的制度环境不仅可以直接降低上市公司与最终控制人之间的关联交易，而且可以降低最终控制人由于所有权和控制权分离带来的利益侵占程度,这意味着对于抑制最终控制人的利益侵占从而保护中小投资者利益而言,良好的制度环境是至关重要的。

6.5 本 章 小 结

本章我们以中国证券市场 2008 年至 2011 年的上市公司为样本,沿袭拉波塔等(La Porta et al., 1999)的研究方法,从关联交易的角度检验了最终控制人对利益侵占的影响。研究结果发现,从整体上看,最终控制人的所有权越大,利益侵占的水平就越低,所有权具有"激励效应",弱化了最终控制人进行利益侵占的动机;最终控制人的控制权越大,利益侵占的水平就越高,控制权具有"壁垒效应",使得最终控制人可以更容易地通过关联交易等手段来侵占上市公司和中小股东的利益;最终控制人控制权和所有权的分离程度越大,利益侵占水平就越高,此时最终控制人侵占中小股东利益的意愿较少受到其所有权的限制;最终控制人为国有的上市公司利益侵占水平要高于非国有上市公司,并且具有统计意义上的显著性。

出于可靠性考虑,我们从不同角度进行了稳健性检验。我们首先考虑上述结论是否受到不同控制权分界水平的影响,研究发现,当控制权分界水平由 10% 上升到 20% 时本书的结论依然成立。我们使用了虚拟变量形式的被解释变量来考察所有权、控制权及其分离程度以及所有制性质的影响,回归结果显示本书的主要结论不受影响。我们还考虑了逆向因果的影响,回归结果发现解释变量回归系数和显著性水平均未出现明显变化。

在此基础上,本书进一步考察了制度环境的作用,我们发现,良好的制度环境与所有权之间存在着替代关系,制度环境更好的地区所有权对关联交易的制约作用有所下降;良好的制度环境可以降低控制权对利益侵占的影响;良好的制度环境还可以进一步降低由于所有权和控制权分离所导致的利益侵占程度。整体上来看,良好的制度环境不仅可以直接降低上市公司与最终控制人之间的关联交易,而且可以降低最终控制人由于所有权和控制权分离带来的利益侵占程度。

我们的上述研究采用中国证券市场的大样本数据,从关联交易的视角提供了有关最终控制人利益侵占行为更为直接的经验证据,进一步深化了有关股权结构治理效率的已有认识。为了更清晰、直观和细致地考察最终控制人的利益侵占行为,我们在下一章将采用案例分析的方法来考察最终控制人是如何通过关联交易等手段来转移上市公司利益的。

第7章 关联交易与利益侵占：
多案例分析

在上一章中,我们采用中国资本市场的相关数据,通过多元回归方法检验了终极产权与关联交易之间的关系,从而提供了有关最终控制人利益侵占的相关证据。基于大样本的计量分析得出的结果比较稳健,但是相对不足的是对最终控制人通过关联交易来侵占上市公司利益的过程并不直观。为了弥补这一不足,在本章中,我们试图利用案例研究的方法,对最终控制人的利益侵占行为予以揭示,提供有关最终控制人利益侵占更为生动和直观的证据。

7.1 引　　言

在本章中,我们选择了中国资本市场的两家上市公司作为案例分析的对象,分别是作为国有控制上市公司的承德钒钛和作为非国有上市公司的湖北金环。这两家上市公司都与最终控制人集团发生了大量的关联交易,并通过这些管理交易将利润和资源从上市公司转移到最终控制人集团。两个案例中利益侵占的具体方式存在差异,更加凸显出利益侵占的隐蔽性和多样性。

通过分析我们发现,最终控制人在控制上市公司之后,为了获得更多的私有收益,通过在关联购销中制定不公平价格、高价向上市公司出售资产和股权、占用上市公司资金等途径实施了转移上市公司资源的利益侵占行为。最终控制人的这种利益侵占行为给上市公司的经营业绩、信息披露等方面均带来了不利的影响。

7.2　承德钒钛：关联购销转移上市公司利润

7.2.1　公司概况

承德新新钒钛股份有限公司(以下简称"承德钒钛")的前身是承德钢铁股份有限公司,成立于 1994 年 6 月 18 日,是由承德钢铁集团有限公司的前身承德钢铁公司作为独家发起人,以定向募集方式设立的股份有限公司。公司 2002 年 8 月 22 日首次发行人民币 A 股 10 000 万股,2002 年 9 月 6 日在上海证券交易所挂牌上市,股票代码：600357,公司简称"承德钒钛",2006 年 8 月 28 日,公司增发新股 22 000 万股,总股本为 98 066.704 万股,其中有限售条件的流通股股份 396 752 710 股,占 40.46％;无限售条件的流通股股份 583 914 330 股,占 59.54％。承德钒钛的主要产品有含钒 HRB500、HRB400、HRB335 级螺纹钢筋,含钒低合金圆钢、带钢、高速线材、五氧化二钒(片剂、粉剂)、钒铁合金、高品位钛精矿等。

7.2.2　最终控制人的控制结构

承德钒钛的控股股东为承德钢铁集团有限公司,持有上市公司 40.46％的股份;承德钢铁集团有限公司是唐山钢铁集团有限责任公司控股的子公司,唐山钢铁集团有限责任公司持有承德钢铁集团有限公司 61.725％的股份;唐山钢铁集团有限责任公司是河北省国资委全资控股公司。承德钒钛的股权结构见图 7－1。

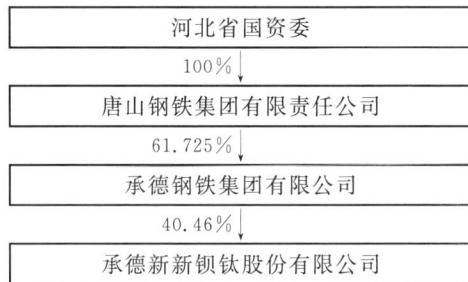

图 7－1　承德新新钒钛股份有限公司股权结构示意图

根据 2007 年年报,承德钒钛的董事会规模为 11 人。其中,作为承德钒钛的控股股东,承德钢铁集团有限公司直接向上市公司派驻了 5 名董事,包括董事长、副董事长等;承德钒钛的第二大股东国华能源有限公司向上市公司派驻了 1 名董事;其余 5 名董事为独立董事(见表 7-1)。在 5 名独立董事中,宋某某长期在承德任职,与承德钢铁集团有着紧密的联系。从这个意义上说,作为控股股东的承德钢铁集团有限公司直接控制着上市公司的董事会。在承德钒钛的高管构成中,主要高管包括总经理、常务副总经理、副总经理等均由承德钢铁集团的相关人员兼任。可以说,承德钒钛的生产经营活动被控股股东牢牢控制。

表 7-1 承德钒钛董事会成员

姓　名	职　务	备　　注
田某某	董事长	承德钢铁集团有限公司董事长、总经理
李某某	副董事长、总经理	承德钢铁集团有限公司董事
魏某某	董事、常务副总经理	承德钢铁集团有限公司董事
周某某	董事、副总经理	承德钢铁集团有限公司董事
赵某某	董　事	承德钢铁集团有限公司工会主席
韩　某	董　事	国华能源有限公司副总经理
宋某某	独立董事	
戚某某	独立董事	
李　某	独立董事	
黄某某	独立董事	
程某某	独立董事	

资料来源:根据承德钒钛公开资料搜集整理。

7.2.3 关联交易与最终控制人的利益侵占[①]

就钢铁行业上市公司而言,一般而言,在生产经营过程中与其母公

---

① 本节部分内容参考了杜今贝.承德钒钛的五大谎言与巨额利益输送[J].股市动态分析,2008(33).

司等关联企业之间关联交易较多,承德钒钛也不例外。其关联交易主
要包括向关联企业采购钒铁精粉、焦炭、煤气等原材料及燃料;向关联
企业销售板坯等产品及辅助材料;接受关联企业包括运输、机修、员工
培训、治安消防等在内的生产辅助和综合服务;向关联企业租赁使用
土地、房屋等。在这些关联交易中,有些是上市公司开展生产经营活
动必需的正常关联交易,但是有些关联交易则存在向控股股东利益输
送的嫌疑。

2008 年 4 月,承德钒钛发布了 2007 年年报和 2008 年的一季报。根据
承德钒钛发布的公告,公司 2007 年实现营业收入 146.09 亿元,同比增长
73.79%,但利润总额 4.78 亿元,同比增长仅 5.57%,其中在 2007 年第四
季度公司主业出现亏损,2008 年一季度公司业务也出现较大幅度下滑。
由于此时正值钢铁行业的景气期,同类型钢铁行业上市公司绩效要远远好
于承德钒钛,市场便对其背离行业景气的业绩不断发出质疑的声音。承德
钒钛对此的解释是成本和费用的大幅度上升。对钢铁企业而言,最主要的
成本是铁矿石成本。而此前承德钒钛总经理李怡平指出,铁矿石价格上涨
不会对其带来大的影响,公司的钒钛磁铁矿主要来自承德当地,供应
充足。[①]

为此,我们查询了承德钒钛相关公告。在其 2008 年 6 月 25 日发布的
一份澄清公告中,我们发现了如下内容:2007 年 1 至 8 月,承德钒钛向承
钢集团采购钒铁精粉平均价格为 550 元/吨(不含税,下同);9 至 12 月,
承德钒钛向承钢天宝采购钒铁精粉平均价格为 1 100 元/吨。[②] 从上述公告
不难发现,自从承钢集团与民营企业天宝合资成立承钢天宝后,承德钒钛
的含钒铁精粉采购便由原来的承德地区买方垄断变成了承钢天宝的卖方
垄断,采购价格大幅飙升,采购均价甚至翻了一番,远远超过了同期市场价

---

① 根据公开资料,承德本地的铁矿石主要是含钒铁精粉。由于技术原因,这种含钒铁精粉在其他
钢铁企业不好提炼,因此主要供应承德钒钛,也就是说,承德钒钛获得了一种类似买方垄断的
地位。由于这一原因,这种含钒铁精粉价格一直要低于市场供应的普通铁精粉。
② 根据公开资料,承钢天宝系承钢集团与当地民营企业天宝集团于 2007 年 9 月成立的合资公司。
自 2007 年 9 月起,承钢天宝公司开始"模拟运行",承钢集团和天宝集团的铁精粉都通过承钢
天宝统一销售,承钢集团不再向公司销售铁精粉。

格涨幅。作为一个参照的是唐山市场铁精粉价格的变化：依据公开数据资料测算,唐山市场 2007 年前 8 个月的铁精粉均价在 800 元/吨左右,2007 年 9 至 12 月的均价在 1 180 元/吨左右,上述两个时段间铁精粉均价上涨了 380 元/吨,涨幅仅为 48%,甚至不到承德钒钛采购成本涨幅的一半。据此计算,2007 年 1 至 8 月承德钒钛对承钢集团的铁精粉采购价仅为同期唐山市场均价的 68.75%(550÷800×100%＝68.75%),而自从承钢天宝成立之后,承德钒钛铁精粉采购价为同期唐山市场均价的 93.22%(1 100÷1 180×100%＝93.22%),几乎与唐山市场价格持平。承德钒钛长期拥有的铁精粉采购成本优势几乎无存。而与此相伴随的是,承德钒钛四季度业绩环比大幅下降,出现了令市场大跌眼镜的税前亏损!

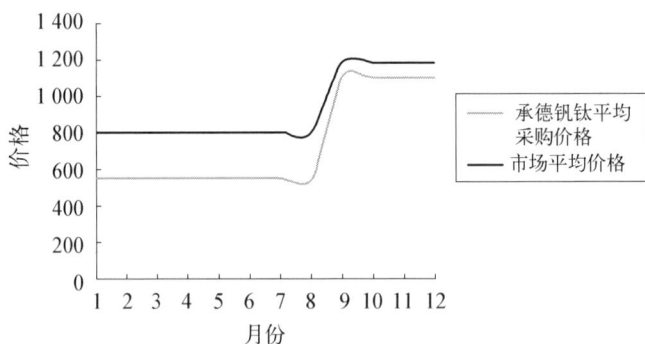

图 7-2 承德钒钛铁矿石采购价格走势与市场平均价格走势对比

从上述分析中可以发现,承德钒钛的控股股东承钢集团难逃通过提高原材料价格来实现对上市公司掏空的嫌疑。尽管承德钒钛在其公告中表示"公司向关联方销售和采购货物的交易价格,按照以下原则确定：有国家定价的,适用国家定价;没有国家定价的,按市场价格确定;没有市场价格的,按照实际成本加合理的利润确定;对于无法按照'成本加成'原则确定价格的特殊商品和服务项目,由双方按照公平、合理的原则确定交易价格。"但是,从承德钒钛原材料采购价格的非正常上升中不难发现控股股东承钢集团并没有遵循上述原则,而是利用其对上市公司的控制来提高采购价格,通过关联购销来达到转移上市公司资源的目的。而更耐人寻味的是,截至 2008 年 7 月,承钢集团与天宝集团对承钢天宝的注资评估结果仍然难产,但这家尚未正式注资的"空壳"公司在 2007 年已经跟承德钒钛发生了 5.81 亿元的关联交易。

7.2.4　最终控制人利益侵占的影响

承德钒钛控股股东通过关联购销来侵占上市公司的行为带来了严重的后果,使得上市公司的绩效出现大幅度下降,并且这种影响甚至持续到 2008 年。我们将承德钒钛的利润增长指标与同属华北地区的钢铁行业上市公司进行了对比(见表 7 - 2)。从表 7 - 2 可以发现,承德钒钛的利润增长率在同类型上市公司中没有丝毫的竞争力,即便就整个钢铁行业上市公司而言,承德钒钛在上述时期的利润表现也是十分糟糕的。

表 7 - 2　部分钢铁行业上市公司利润增长指标对比

	承德钒钛	首钢股份	唐钢股份	包钢股份	莱钢股份	济南钢铁
2007 年	5.57％	40.46％	62.48％	160.21％	34.94％	49.37％
2008 年 1 季度	−24.45％	41.25％	37.41％	211.86％	15.30％	19.62％

资料来源:根据承德钒钛公开资料搜集整理。

为了掩盖控股股东的掏空行为,承德钒钛在信息披露上也是漏洞百出,信息披露质量广受质疑。例如,2007 年年报显示,承德钒钛对承钢集团的铁精粉采购价为 550 元/吨,交易金额 1.50 亿元,占同类交易额的比重为 5.87％,对承钢天宝矿业的铁精粉采购价金额为 5.81 亿元,占同类交易额比重的 22.80％。按照上述披露的承德钒钛对承钢集团或承钢天宝矿业的铁精粉采购金额,及其对应的占同类交易额的比重两组数据测算,承德钒钛 2007 年度铁精粉的总计采购额总计 25.55 亿元(1.50÷5.87％＝25.55)。但是,根据测算,2007 年度承德钒钛铁精粉采购量为 640 万吨,如采购金额为 25.52 亿元,那么铁精粉的吨价就只有 400 元左右,这个价格不仅远低于市场价,而且也远低于公司披露的对承钢集团的采购价。公众从承德钒钛披露的相关信息中无法知道 2007 年度其对承钢集团和承钢天宝矿业的铁精粉采购均价到底是多少,数量是多少,同类交易额是多少,占同类交易额的比重是多少? 除此之外,在焦炭采购价格、数量等方面也存在类似的问题。总体上看,承德钒钛披露的关联交易存在着自相矛盾,难以自圆其说。毫无疑问,这其中肯定另有玄机,也许存在着控股股东不愿意让公众投资者知晓的"猫腻"。此外,在关联交易的确认和披露程序上,承德钒钛也涉嫌违反有关规定。例如,根据《上海证券交易所股票上市规则》7.3.12条规定,上市公司拟与关联人达成的关联交易总额高于3 000万元,或高于上市公司最近经审计净资产值的5%以上的,公司董事会必须在做出决议后两个工作日内报送上证所并公告。而且,关联交易在公司股东大会批准后方可实施,任何与该关联交易有利害关系的关联人,在股东大会上应当放弃对该议案的投票权。上述规定的7.3.14条指出,上市公司与关联人就同一标的,或者上市公司与同一关联人,在连续12个月内达成的关联交易累计金额达到7.3.12条所述条件的,上市公司须按7.3.12条的规定披露。但是,公开资料显示,2007年9月起,承钢天宝成为承德钒钛的矿石供应商,双方之间开始了大规模的关联交易。根据承德钒钛2007年年报披露,2007年承德钒钛从承钢天宝矿业收购的铁精粉相关金额为5.81亿元,占同类交易额的比重为22.80%。这个金额明显超过了上证所上述规定的限制,按程序需要得到股东大会批准。但是,事实上却未见到公司公告或是召开股东大会,承德钒钛仅在2007年年报中才披露。

7.3 湖北金环:多形式关联交易 占用上市公司资源

7.3.1 公司概况

湖北金环前身是湖北化纤总公司长丝厂,始建于1982年。1993年4月,湖北化纤总公司更名为湖北化纤集团有限公司。1993年6月8日,它联合湖北化纤总公司综合经营公司、襄樊市第一棉纺织厂、襄樊市供电局电力实业总公司共同发起,以定向募集方式设立"湖北金环股份有限公司",并于 1996 年在深圳证券交易所上市,股票代码为 000615。湖北金环是湖北省重要的化纤生产基地,是国内漂白粘胶长丝的主要生产企业,公司主要产品为粘胶长丝,年产 4 000 吨。国内市场以江苏、浙江、广东为重点,向其他地区辐射;国际市场主要销往韩国、香港、马来西亚、意大利等十几个国家和地区。湖北泰跃入主湖北金环前,湖北金环的第一大股东湖北化纤集团有限公司持股 43.26%。

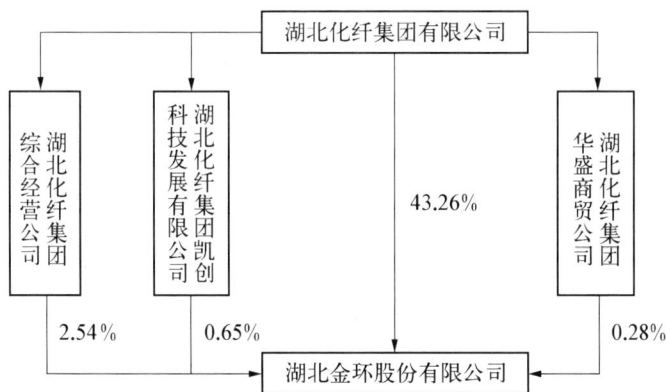

图 7 - 3 湖北金环股份有限公司股权结构示意图：控股股东变更前①

7.3.2 最终控制人的控制结构

2001 年 7 月,湖北泰跃投资集团有限公司从湖北化纤集团有限公司手中收购湖北金环 4 492.35 万股国有法人股,占湖北金环总股本的 29%,成为第一大股东,原第一大股东湖北化纤集团有限公司退居为第二大股东。重组之后,湖北金环的主营业务从传统的化纤业变更为通信业。根据有关资料显示,湖北泰跃投资集团有限公司成立于 1998 年 10 月 6 日,注

---

① 本图由我们根据湖北金环 2001 年年报整理得到。

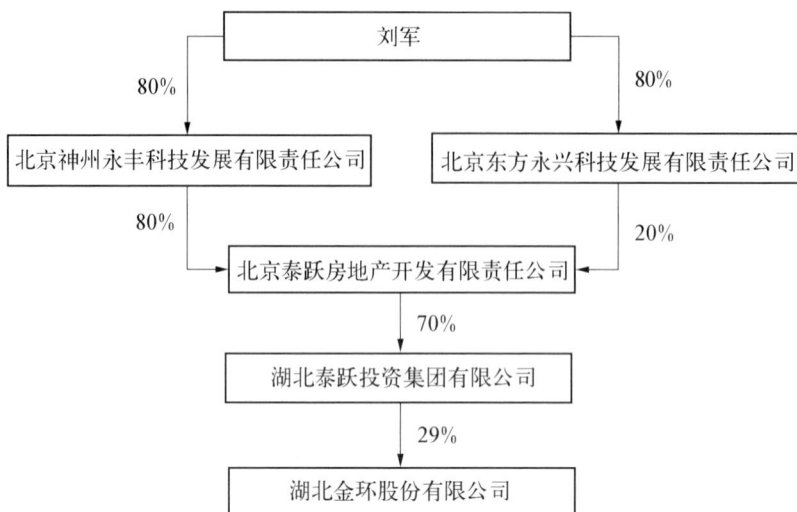

图 7 - 4　湖北金环股份有限公司股权结构示意图：控股股东变更后①

册资本为 4.38 亿元,其最终控制人为自然人刘军。②

　　泰跃在实现对湖北金环的股权控制后,随即对董事会进行改组,将内部人安插到董事会来控制董事会,从而实现泰跃对上市公司具体经营环节的控制,使得上市公司的各项决策完全由泰跃系来掌控。通过对湖北金环董事会的改组,原董事会成员仅保留了两人,其余全部被更换。新上任的七名董事会成员中,除去三名独立董事外,其他四人中均有在泰跃系其他公司中任职的经历,属于泰跃系的内部人员。新上任的三名独立董事也是泰跃入主后更换的,由于独立董事来自大股东的提名,很难相信独立董事

---

① 本图根据湖北金环 2003 年年报整理得到。

② 根据公开资料,北京泰跃房地产开发有限责任公司成立于 1995 年,当时它只是一家注册资本 1 000 万元的小公司,其中北京龙虎泰山实业有限公司投入 900 万元,北京顾得贸易公司投入 100 万元,龙虎泰山的法定代表人正是自然人刘军。2001 年 4 月,北京顾得贸易公司将其股份转让给北京东方永兴科技发展有限责任公司,北京龙虎泰山实业有限公司更名为北京神州永丰科技发展有限责任公司,两家公司又进行了追加投资,其中北京神州永丰科技发展有限责任公司占注册资本的 80%,北京东方永兴科技发展有限责任公司占注册资本的 20%。北京神州永丰和北京东方永兴的主营业务均是技术开发和技术咨询,两家公司在 2001 年的营业额均为零,是典型的无任何业务的壳公司。在中国资本市场中,刘军及其控制的一系列公司被称为“泰跃系”,出于行文的方便,在后文用“泰跃”来指代除上市公司外刘军控制的一系列公司。

能真正的独立。同时,湖北金环董事会的规模在改组后也减少了一人,这样更便于泰跃实施对董事会的控制。这样,在泰跃收购湖北金环还未被财政部批准的情况下(财政部直到 2003 年 3 月才批准此次股权交易),就已经实现了对董事会的有效控制(见表 7-3)。

表 7-3　泰跃入主前后湖北金环董事会构成对比

入　主　前			入　主　后		
姓名	职　务	备　注	姓名	职　务	备　注
赵某某	董事长	—	张某某	董事长兼总经理	泰跃系
颜某某	副董事长	—	赵某某	副董事长	第二大股东
程某某	董事兼总经理	—	林　某	董事兼副总经理	泰跃系
钱某某	董　事	—	王某某	董　事	泰跃系
王某某	董　事	—	王某某	董　事	第二大股东
杜某某	董　事	—	杨某某	董　事	泰跃系
赵某某	董　事	—	沈某某	独立董事	
杨某某	董　事	—	邱某某	独立董事	
李　某	董　事	—	马某某	独立董事	
黄某某	董　事	—			

资料来源：根据湖北金环公开资料搜集整理。

7.3.3　关联交易与最终控制人的利益侵占[①]

湖北金环在完成股权变更之后,作为最终控制人的刘军在努力维持其业绩的同时,利用控股公司间的大量关联交易,隐蔽转移上市公司资源,侵占中小股东的利益。我们通过查询湖北金环的各种公开公告,将湖北金环与泰跃系之间的关联交易进行归类整理,具体如下：

---

① 本节案例资料主要来源于上市公司公开报告和财经媒体的公开报道。

7.3.3.1 共同投资：转移资金

泰跃在入主湖北金环的初期,主要是通过与湖北金环共同投资成立合资公司来获取上市公司的资源。其基本的方式是:泰跃自身的嫡系公司和上市公司不断成立子公司,而上市公司向子公司注入大量资金,由于新公司的控制权均在泰跃手中,上市公司的资金也由此进入泰跃系的掌控之中,更重要的是上市公司还不断给新公司"输血",比如直接借款、提供银行贷款担保、业务往来欠款等,这些资金远远超出泰跃当初入主的成本。

2001 年 7 月,湖北金环宣布泰跃入主。同年,泰跃与湖北金环共同成立了数家子公司:与泰跃旗下的北京太阳天朗通信器材有限公司共同成立北京金环天朗通信技术发展有限公司,湖北金环投资 2 600 万元,占公司总股本的 80%。2002 年,湖北金环与北京泰跃共同设立北京金环房地产开发公司,其中湖北金环投资 3 000 万元,占 51% 的股份;向北京科技园文化教育建设有限公司投资 5 000 万元①,占该公司总股份的 15.15%;向武汉兆阳创业科技发展公司投资 350 万元,占 35% 的股份。2003 年,湖北金环再次向北京金环天朗通信技术发展有限公司增资 5 000 万,使得湖北金环对北京金环天朗通信技术发展有限公司的投资增加到 7 600 万元,所占股份仍然维持在 80%;湖北金环与金环天朗共同投资成立了襄樊金环天朗通信发展有限公司,湖北金环投资 450 万元,占 90% 的股份。2004 年,湖北金环对北京金环天朗再次增资 3 609.9 万元,占 99% 的股份;向襄樊金环天朗通信发展有限公司增资 1 500 万元,占 95% 的股份;对北京金环房地产开发有限公司增资 2 882.35 万元,使湖北金环在北京金环房地产开发有限公司中的股份上升到 90%。2005 年,湖北金环与金环天朗共同投资成立了杭州金环天朗通信发展有限公司,湖北金环投资 100 万元,占 10% 的股份(见表 7 - 4)。

---

① 北京科技园文化教育建设有限公司由北京泰跃房地产有限责任公司出资 5 800 万元;北京科技园国际学校建设有限公司出资 5 800 万元;中泰信用担保有限公司出资 5 800 万元;北京东方永兴科技发展有限责任公司出资 1 600 万元;北京海淀科技园建设股份有限公司出资 1 000 万元。泰跃系是该公司的控股股东。

表 7－4　湖北金环与泰跃系其他公司共同投资情况

年度	成立公司名称	合作方名称	投资金额（万元）	所占股份	备　注
2001	北京金环天朗通信技术发展有限公司	北京太阳天朗通信器材有限公司	2 600	80％	
2002	北京金环房地产开发公司	北京泰跃	3 000	51％	
2002	北京科技园文化教育建设有限公司	北京科技园文化教育建设有限公司	5 000	15.15％	
2002	武汉兆阳创业科技发展公司	湖北泰跃	350	35％	
2003	北京金环天朗通信技术发展有限公司	北京太阳天朗通信器材有限公司	5 000	80％	增资
2003	襄樊金环天朗通信发展有限公司	北京金环天朗通信技术发展有限公司	450	90％	
2004	北京金环天朗通信技术发展有限公司	北京太阳天朗通信器材有限公司	3 609.9	99％	受让北京太阳天朗股权
2004	襄樊金环天朗通信发展有限公司	北京金环天朗通信技术发展有限公司	1 500	95％	增资
2004	北京金环房地产开发有限公司	北京泰跃	2 882.35	90％	增资
2005	杭州金环天朗通信发展有限公司	北京金环天朗通信技术发展有限公司	100	10％	

资料来源：根据湖北金环历年年报整理。

上述被投资公司的最终控制权均掌握在泰跃手中，湖北金环投入的这些资金也自然能够被泰跃利用。在这一过程中，作为实际控制人的泰跃实现了它对资金的再分配，并在这一再分配过程中将上市公司作为其利益攫取对象，大大地侵害了上市公司其他股东的利益。

7.3.3.2　资产往来：高价购买资产

在我国资本市场中一个常见的现象是，控股股东通过各种方式将手中的各项实物资产陆陆续续地卖给上市公司，上市公司通常支付的都是现金。在湖北金环与泰跃系的资产往来中，我们选择了其中的两笔为例来进行分析。

2004 年,湖北金环董事会通过了一项股权收购协议:湖北金环出资 3 609.90 万元受让太阳天朗持有的金环天朗 19%的股权,本次股权受让后,湖北金环持有金环天朗 99%的股权,太阳天朗持有金环天朗 1%的股权。[①] 湖北金环发布的公告表明:此次股权交易中的股权受让价格是根据金环天朗 2003 年 12 月 31 日经过审计后的净资产人民币 18 999.46 万元为基准,按照如下公式计算:股权受让价格=金环天朗 2003 年经审计的净资产×受让股权的比例。其中本次受让股权的比例为 19%,因此股权受让价格=18 999.46×19%=3 609.90 万元。按照湖北金环发布的公告,此次股权收购的目的是根据公司整体业务发展的需要,进一步增加公司在金环天朗的权益,对公司主营业务起到扩展和补充的作用。从表面上看,这笔交易的出发点是控股股东对上市公司的一大贡献,并且交易价格的确定也是以经过审计后的价格为基础的,至少应该是一笔公允的买卖。可是事实真是这样的吗?为此我们查阅了湖北金环历年的年报,寻找有关北京金环天朗的有关信息。我们发现,北京金环天朗通信技术发展有限公司系湖北金环与泰跃旗下的北京太阳天朗通信器材有限公司在 2002 年共同成立,其中湖北金环投资 2 600 万元,占公司总股本的 80%;2003 年湖北金环再次向北京金环天朗通信技术发展有限公司增资 5 000 万,使得湖北金环对北京金环天朗通信技术发展有限公司的投资增加到 7 600 万元,占北京金环天朗的股份仍为 80%。根据上述资料,我们推算 2003 年时股东对北京金环天朗的全部投资应为 9 500 万元(7 600÷80%=9 500),由此北京太阳天朗通信器材有限公司对北京金环天朗的全部投资为 1 900 万元(9 500×20%=1 900)。[②] 对比初始投资数量与股权转让价格,我们惊讶地发现,北京太阳天朗通信器材有限公司 1 900 万元的初始投资在短

[①] 北京金环天朗通信技术发展有限公司由湖北金环与北京太阳天朗通信器材有限公司在 2002 年共同投资成立,其中湖北金环持有北京金环天朗 80%的股权,北京太阳天朗通信器材有限公司是泰跃系旗下控股的子公司之一。

[②] 需要说明的是,这里在测算时没有考虑利率的影响。由于两笔投资的时间间隔仅为一年,利率对测算结果的影响是很小的,故做忽略处理。

短的一年之内就翻了一番(3 609.90 万元的股权转让收入以及 1%的股份价值之和正好是 3 800 万元)，北京太阳天朗通信器材有限公司凭借对北京金环天朗的转让就从上市公司湖北金环手中获得了 1 709.90 万元的现金，据此计算此次的投资回报率达到 100%！如此超高的投资回报率，令人实在难以置信！

2005 年，湖北金环的年报披露，湖北金环分别以 15 225.10 万元和 3 615.96 万元从北京泰跃房地产开发有限责任公司(北京泰跃)及北京泰跃的母公司北京东方永兴科技发展有限责任公司(北京永兴)收购襄樊纯昊 80%和 19%的股份(如图 7－5 所示)。襄樊纯昊是泰跃旗下一家主要从事房地产开发的公司。年报中披露，此次资产交易的定价原则是：以 2004 年 12 月 31 日为评估基准日，已经具有证券从业资格的北京亚洲会计师事务所有限公司评估的襄樊纯昊净资产价值为依据，分别按照 80%和 19%的股权比例确定。根据年报的披露，襄樊纯昊 2004 年 12 月 31 日账面总资产为 13 315.72 万元，负债为 3 585.05 万元，净资产为 9 730.68 万元；评估后的总资产为 22 616.43 万元，负债为 3 585.05 万元，净资产为 19 031.38 万元，净增值 9 300.71 万元，增值率高达 95.58%。襄樊纯昊经评估的净资产价值为 19 031.38 万元，按照襄樊纯昊股权 80%的比例计算，湖北金环支付给北京泰跃的价款为 15 225.10 万元；按照襄樊纯昊股权 19%的比例计算，湖北金环支付给北京永兴的价款为 3 615.96 万元；合计 18 841.06 万元。按照董事会给出的解释，本次交易标的净资产评估值较账面值增值较大，主要原因是"襄樊纯昊存货中的一个工程项目升值：该工程项目中的土地使用权取得较早，因此成本较低，且土地使用权投入项目时没有重新估价入账，故账面上工程项目开发成本中的土地使用权价值远低于现时市场价格"。即便真的如同交易公告公布的那样，评估价值是公允的，泰跃变卖襄樊纯昊也从上市公司套取了近两亿元的现金，并且将房地产存货的销售成本完全转移给了上市公司。更何况由于是泰跃系内部的关联交易，评估机构的指定完全是由泰跃系的最终控制人所指定，因此如此之高的增值率恐怕另有内情。

与此形成对比的是，同样是 2005 年，湖北金环年报中披露，公司以协

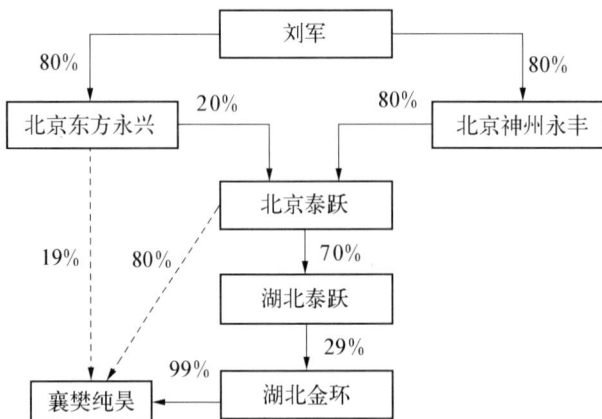

图 7 - 5　湖北金环收购襄樊纯昊示意图

议价 5 850.00 万元将所持有的异地控股子公司北京金环房地产开发有限公司 90% 的股权转让给北京泰跃房地产开发有限责任公司。我们查阅年报发现,北京金环房地产开发有限公司是湖北金环与北京泰跃在 2002 年共同投资,其中湖北金环投资 3 000 万元,占 51% 的股份;在 2004 年,湖北金环再次对北京金环房地产开发有限公司增资 2 882.35 万元,使湖北金环在北京金环房地产开发有限公司中的股份上升到 90%。从账面计算,湖北金环在北京金环房地产开发有限公司的总投资为 5 882.35 万元。在完成增资后仅一年,湖北金环就将北京金环房地产开发有限公司中的股份全部转让给北京泰跃,其转让价格甚至低于湖北金环对北京金环房地产开发有限公司的初始投资额。按照账面计算,湖北金环对北京金环房地产开发有限公司的投资以亏损收场,而在这一时期正是房地产市场飞速发展的阶段,湖北金环为何放弃即将到手的收益,并且以略亏的代价离场呢? 这笔交易实在令人吃惊。湖北金环年报中披露的本次转让价格确定也许能够提供一些线索:在此次转让中,转让价格确定方法上使用的是所谓的协议价格,考虑到湖北金环和北京泰跃的控制人为同一人,这种协商出来的价格自然不会让北京泰跃吃亏了,或许从这里可以理解为什么湖北金环会进行这样的交易了。

刘峰等(2004)的研究就发现,上市公司控股股东在采用资产交易转移上市公司资源时往往遵循如下原则：置换出的资产按账面净值计价，而置换进的资产按收益现值法计价，从会计角度看，通常后者的计价结果要高于前者。在上述案例中泰跃系就是采用这种方法来从资产交易中获利。

7.3.3.3　资金往来：大量占用资金

泰跃在获得对湖北金环的控制权之后，与上市公司之间发生了大量的资金往来，通过这些资金往来，泰跃从上市公司获得了大量的现金支持(见表7－5)。从表7－5可以发现，从资金往来的发生额来看，湖北金环与泰跃系公司之间的资金往来规模很大；从资金往来的余额来看，湖北金环每年向泰跃系提供的资金余额都在数千万元的规模，在经过2005年至2006年证监会全面要求清理大股东占款之后，湖北金环向泰跃系提供的资金余额仍然超过700万。

表7－5　湖北金环向泰跃系公司提供资金情况

	2004	2005	2006	2007
发生额(万元)	35 419.14	60 334.69	21 070.27	45 032.59
余额(万元)	8 127.30	18 434.32	3 948.51	732.02

资料来源：根据湖北金环历年年报整理。

泰跃系通过资金往来占用湖北金环现金资源的方式大致有两种：一类是通过直接的资金往来占用上市公司的现金资源，其中涉及的占款单位不仅包括湖北金环的子公司金环天朗等，甚至还包括很多与其没有直接业务往来的公司，如君和百年(景谷林业的子公司①)、北京太阳天朗通信器材有限公司(金环天朗的另一股东)，等等。另一类是先通过金环天朗等湖北金环与泰跃共同投资的公司将资金从湖北金环转移出来，泰跃系内的其他公司又将金环天朗等公司从湖北金环所占用的资金进行挪用，由于金环天朗等公司并不是上市公司，因此对其资金的挪用就更加容易。据中国证券监督管理委员会湖北证监局2005年对湖北金环进行检查获得的结果，太阳光辉占用金环天朗资金最高金额达5 546万元；在2001年度中，公司

---

① 景谷林业是上海证券交易所的上市公司，与湖北金环同属泰跃系控制的上市公司之一。

关联方北京太阳光辉通信器材有限公司、北京东方永兴科技发展有限公司分别占用湖北金环的控股子公司金环天朗资金最高金额达 3 600 万元和 1 600 万元;在 2003 年度中,北京泰跃占用湖北金环控股子公司北京金环房地产开发有限公司资金最高金额达 3 700 万元。

7.3.4　最终控制人利益侵占的影响

泰跃对湖北金环疯狂的掏空行为给上市公司带来了严重的后果,对湖北金环的正常经营活动造成了非常不利的影响,使得企业经营面临着前所未有的困难局面。为此,我们查阅了湖北金环历年发布的公告,对泰跃入主湖北金环前后上市公司盈利及分配情况进行了对比(见表 7 - 6)。从表 7 - 6 可以看出,湖北金环的经营状况大致以 2003 年为转折点,在 2003 年之前,湖北金环的经营情况比较正常,主营业务收入、净利润、每股收益、净资产收益率等主要指标均有一定增长。但是,在 2003 年之后,湖北金环的经营情况就开始急剧恶化,主营业务收入、净利润、每股收益、净资产收益率等主要指标出现大幅度滑坡,这一规律与泰跃对湖北金环的掏空行为正好相对应。从时间上看,泰跃是 2001 年入主湖北金环,会计资料显示在入主的最初两年,湖北金环的业绩还不错,似乎泰跃的入主对湖北金环是一个不错的选择。实际上,其中的奥秘在于,此时的湖北金环即将获得配股资格,为了通过配股来实现圈钱,泰跃选择了暂时将湖北金环的经营业绩"做上去"。① 果不其然,在 2002 年获得配股资格后,湖北金环的经营业绩就开始急剧下滑。

---

① 实际上,当时市场中对湖北金环 2002 年的业绩存在许多质疑。湖北金环的主要利润来源是手机销售代理,为湖北金环作出极大贡献的正是湖北金环与泰跃合资成立的北京金环天朗。北京金环天朗是一家手机销售商,主要代理海尔手机的销售。2002 年完成销售收入 14.35 亿元,利润 1.18 亿元,净利润 5 336 万元。对于该公司的神奇业绩,专业人士多有怀疑。一是该公司销售收入过高,按海尔手机 1 400 元的单价计算,全年需售出 102.5 万台,即每天售出 2 800 台;二是毛利润过高,达到了 9%。业内人士认为,该公司有可能采取购销倒挂方式代销海尔手机,即"高进低出",每代理一台就亏一台,做账时,不转或少转成本,导致其实际亏损的通讯销售业务变成盈利。

表 7－6 湖北金环历年盈利及分配情况一览表

	2000	2001	2002	2003	2004	2005	2006
主营业务收入(万元)	31 377.87	79 852.40	184 961.24	169 426.81	150 839.49	95 900.14	66 134.25
净利润(万元)	3 745.93	2 622.01	5 800.98	4 584.38	519.05	724.77	1 019.67
每股收益(元)	0.24	0.17	0.37	0.30	0.03	0.05	0.05
净资产报酬率(%)	6.87	4.77	9.44	6.94	0.78	1.08	1.49
利润分配方案	每10股派现金0.8元	不分配	每10股派现金0.4元	不分配	不分配	不分配	不分配

资料来源：根据湖北金环历年年报整理。

从股利分配来看,泰跃入主后的影响也是很明显的。从所有股东角度来看,股利分配是一种利益均沾型,股东无论大小都能获益。对湖北金环而言,在泰跃入主的 5 年中,只进行过一次真正意义上的现金股利分配。这也从一个侧面反映出泰跃对湖北金环的利益侵占行为。因为,当最终控制人能够通过利益侵占行为来获得私有收益时,肯定不会选择通过分配股利来获得共有收益,与中小投资者共同分享收益。

7.4 本 章 小 结

本章通过中国资本市场的案例分析了最终控制人对上市公司的利益侵占行为。实际上,与承德钒钛、湖北金环类似的案例,在我国资本市场上俯拾皆是,其中许多还是公众眼中的绩优股,例如五粮液(刘峰等,2004)、托普软件(张光荣等,2006)等。通过本章的案例分析,我们发现,其中的共同点是:上市公司的董事会、高管人员都受到最终控制人的控制,所有的重大决策几乎都由他们决定,而这些决定往往不能给上市公司带来利润,而是偏向最终控制人的利益。因此董事会的意愿无法代表广大中小股东的利益,只能被最终控制人控制作为侵占上市公司利益的工具。

在中国资本市场中,最终控制人控制上市公司的现象十分普遍,在这种情况下,最终控制人掌握着上市公司的实际经营控制权,毫无疑问增强了最终控制人进行利益侵占的能力,为其侵占广大中小投资者的利益提供了更便利的条件。而最终控制人控制权和现金流权的较大分离使得最终控制人有很强的意愿去掏空上市公司,尤其是现金流权很小的情况下,最终控制人只需要承担很小的成本即可获得掏空的全部收益。以图7-4所示为例,在襄樊纯昊的股权转让中,泰跃的收益正是来自湖北金环的付出(在掏空意义上湖北金环的付出即为其损失),其收益全部为泰跃获得,但是泰跃对湖北金环的损失只需要承担极小的部分,因为泰跃在湖北金环中的现金流权很小,因而泰跃从掏空中获得的净收益非常可观。

综上所述,最终控制人较大的控制权使其具备了侵占上市公司利益的能力,而控制权和现金流权的分离则提供了侵占上市公司利益的动力,在投资者权益保护等外部监管不到位的情况下,最终控制人侵占上市公司利益的行为就会很难得到抑制。本部分案例研究中的主要发现与上一章中利用上市公司数据的实证分析得出的结论是一致的,从而进一步支持了本书的理论分析和基于大样本计量回归分析得出的结论。

第8章 终极产权与信息披露：基于证券分析师关注度视角的分析

本部分我们将继续在前面理论分析的基础上，利用来自中国上市公司的相关数据，采用计量回归方法来考察终极产权与信息披露之间的关系。考虑到直接衡量信息披露的困难性，我们使用证券分析师关注度作为信息披露的代理变量。本章的相关分析提供了有关终极产权治理效率的进一步证据。

8.1 引　　言

本书前面的部分讨论了终极产权与利益侵占之间的关系。研究发现，最终控制人侵占上市公司进而损害广大中小投资者的利益已经成为上市公司内部重要的代理问题。最终控制人侵占上市公司的"隧道行为"与信息披露质量之间存在着密切的联系。充分的信息披露对抑制"隧道行为"是十分必要的，诚实的管理者会及时、充分和准确地提供公司经营状况、财务状况和外部环境的相关信息。与之相反，在代理问题严重的公司，大股东为了掩盖其利益侵占行为、避免外部监督和潜在的法律惩罚，往往做出更少的信息披露，在极端的情况下，最终控制人会通过操纵会计利润来掩盖利益侵占行为。

对上市公司而言，在某种程度上说，信息披露质量与公司绩效具有同等的重要程度。现有研究发现，较高的信息披露质量可以减少公司债务融资的利息成本(Senguta,1998①),提高公司股票的流动性(Healy et al.,1999②),降低公司的股权融资成本(Francis et al.,2004③;汪炜和蒋高峰,2004④;曾颖和陆正飞,2006⑤)。但是,与终极产权对公司绩效影响的研究相比,国内对终极产权与信息披露质量之间关系的研究则要薄弱得多。阻碍这方面研究的一个重要因素是信息披露质量很难直接衡量。目前对信息披露质量的衡量方法主要有两种:第一种是评分法,由相关研究机构或者学者根据上市公司信息披露质量特征按照一定的规则直接进行打分排序,例如深交所的信息披露考评结果。但是,这种打分方法需要考虑的因素很多,同时在权重设置方面也存在一定的主观性。第二种方法是通过构造收益激进度、收益平滑度等指标来衡量上市公司的盈余披露质量(例如 Bhattacharya et al.,2003⑥)。但是,这种方法受到所选择指标和计算模型的影响,所选指标和依据的计算模型不同,会产生不同的研究结果。考虑到直接衡量上市公司信息披露质量的困难,本书通过与信息披露质量密切相关的指标来间接衡量上市公司的信息披露质量。

参考马克·朗和伦德霍尔姆(Mark Lang & Lundholm,1996)⑦、希利等(Healy et al.,1999)⑧、格布哈特等(Gebhardt et al.,2001)以及马克·朗等(Mark Lang et al.,2003)⑨的方法,我们使用证券分析师关注度

① Sengupta P. Corporate Disclosure Quality and the Cost of Debt[J]. *The Accounting Review*, 1998(73).

② Healy P, A. Hutton, K. Palepu. Stock Performance and Intermediation Changes Surrounding Sustained Increases in Disclosure[J]. *Contemporary Accounting Research*, 1999(16).

③ Francis J, La Fond R, Olsson P. M., Schipper K. Cost of Equity and Earnings Attributes[J]. *The Accounting Review*, 2004(79).

④ 汪炜,蒋高峰.信息披露、透明度与资本成本[J].经济研究,2004(7).

⑤ 曾颖,陆正飞.信息披露质量与股权融资成本[J].经济研究,2006(2).

⑥ U. Bhattacharya, H. Daouk, M. Welker. The World Price of Earnings Opacity[J]. *The Accounting Review*, 2003(78).

⑦ Mark Lang, R. Lundholm. Corporate Disclosure Policy and Analyst Behavior[J]. *The Accounting Review*, 1996(71).

⑧ Healy P, A. Hutton, K. Palepu. Stock Performance and Intermediation Changes Surrounding Sustained Increases in Disclosure[J]. *Contemporary Accounting Research*, 1999(16).

⑨ Mark Lang, Karl V. Lins, Darius P. Miller. ADRs, Analysts, and Accuracy: Does Cross Listing in the United States Improve a Firm's Information Environment and Increase Market Value?[J]. *Journal of Accounting Research*, 2003(41).

作为上市公司信息披露质量的代理变量。已有的研究表明，更多的证券分析师关注度表明上市公司具有更好的信息披露质量（Mark Lang et al. ,2003）。证券分析师关注度与上市公司信息披露质量之间存在着紧密的联系。作为证券市场上重要的信息中介，证券分析师的职能是利用专业知识向客户提供有关上市公司的研究报告，包括盈利预测（earnings forecasts）、目标价格（price targets）以及购买或者出售的建议（buy-sell recommendations）等。在决定关注哪个企业的过程中，证券分析师搜集大量的信息来评估其经济的可行性和投资的潜力，也就是说，证券分析师进行公司分析时直接依赖于上市公司所披露的信息。上市公司信息披露质量越高，证券分析师搜集信息的成本就越低，从而吸引更多的证券分析师关注。马克·朗和伦德霍尔姆（Mark Lang & Lundholm, 1996）[1]、阿里等（Ali et al. , 2007）[2]研究表明，信息披露质量更高的上市公司会受到更多分析师的关注。

本章将利用中国 A 股上市公司的相关数据，使用证券分析师关注度作为信息披露质量的代理变量，探讨了终极产权与信息披露质量之间的关系，以提供有关终极产权治理效率的进一步证据。

8.2　文　献　综　述

国外学者对证券分析师行为的研究非常重视，研究范围涉及证券分析师的各个方面，包括证券分析师关注度的影响因素（Bhushan, 1989[3]；Mark Lang & Lundholm,1996[4]）、证券分析师报告的信息含量（Stickel,

---

① Mark Lang, R. Lundholm. Corporate Disclosure Policy and Analyst Behavior [J]. *The Accounting Review*, 1996(71).
② Ashiq Ali, Tai-Yuan Chen, Suresh Radhakrishnan. Corporate Disclosures by Family Firms[J]. *Journal of Accounting and Economics*, 2007(44).
③ Ravi Bhushan. Firm Characteristics and Analyst Following[J]. *Journal of Accounting and Economics*, 1989(11).
④ Mark Lang, R. Lundholm. Corporate Disclosure Policy and Analyst Behavior [J]. *The Accounting Review*, 1996(71).

1995①;Wormack, 1996②)、证券分析师报告的长期效应(Wormack, 1996③)等,对证券分析师的相关研究成为国外经济学家和财务学家共同关注的一个领域。④ 国外学者对股权结构与证券分析师关注度之间的关系也进行了大量研究。

8.2.1 股权集中度与证券分析师关注度之间的关系

学者们对股权集中度与证券分析师关注度之间关系的研究得出了较为一致的结论。常,卡纳和帕利普(Chang, Khanna & Palepu, 2000)⑤使用来自47个发达国家和新兴市场经济国家的上市公司样本考察了股权集中度与证券分析师关注度之间的关系,研究发现,股权集中度与证券分析师关注度之间呈负相关关系,但是这一负相关关系在通常的显著性水平下并不显著。随后,霍普(Hope, 2003)⑥通过对来自40个国家的1 504家上市公司样本进行 OLS 回归分析,也发现股权集中度与证券分析师关注度之间呈负相关关系,并且这一关系在1%的显著性水平下显著。与此类似,胡亦明(Hu, 2004)通过对来自21个国家10 853家上市公司样本的分析,发现大股东控制的表决权与证券分析师关注度之间也呈负相关关系。

① Stickel S. The Anatomy of the Performance of Buy and Sell Recommendations[J]. *Financial Analyst Journal*, 1995(51).

② Kent Womack. Do Brokerage Analysts' Recommendations Have Investment Values? [J]. *Journal of Finance*, 1996(51).

③ Kent Womack. Do Brokerage Analysts' Recommendations Have Investment Values? [J]. *Journal of Finance*, 1996(51).

④ 据不完全统计,在1992年至2006年间,仅美国主要的九种会计学期刊中关于证券分析师的文献就至少有250篇(Ramnath,Rock & Shane,2006)。

⑤ Chang J., T. Khanna, K. Palepu. Analyst Activity Around the World[R]. Working Paper, Harverd University, 2000.

⑥ Hope Ole-Kristian. Analyst Following and the Influence of Disclosure Components, IPOs and Ownership Concentration[R]. Working Paper, University of Toronto, 2003.

8.2.2　股东类型与证券分析师关注度之间的关系

布山(Bhushan，1989)①是较早研究这一问题的国外学者。他首先建立了一个简单的理论模型来分析公司特征对证券分析师关注度的影响,其中股权结构被认为是影响证券分析师关注度的重要特征。在此基础上,他使用 1986 年美国上市公司的数据,对股权结构与证券分析师关注度之间的关系进行了实证检验。他的论文中包含了机构投资者的持股比例、持有公司股票的机构投资者数量和公司内部人持股比例②三个衡量股权结构的变量。实证结果发现,机构投资者的持股比例与证券分析师关注度呈正相关关系,持有公司股票的机构投资者数量与证券分析师关注度呈正相关关系,公司内部人持股比例与证券分析师关注度呈负相关关系。

在内部人持股方面,莫耶,查特菲尔德和西斯内罗斯(Moyer，Chatfiled & Sisneros，1989)③发现了与布山(Bhushan，1989)类似的结论。通过对标准普尔 500 企业样本的分析,他们发现内部人持股比例与证券分析师关注度之间存在负相关关系。马克·朗,林斯和米勒(Mark Lang, Lins & Miller，2004)④使用来自 27 个国家 2 500 多家公司的样本考察了不同类型的控股股东对证券分析师关注度的影响,研究发现家族或者管理层的股份越多,证券分析师关注度越低;在机构投资者持股方面,罗克,塞多和韦伦伯格(Rock, Sedo & Willenborg，2001)⑤发现了与布山(Bhushan，1989)不同的结

---

① Ravi Bhushan. Firm Characteristics and Analyst Following[J]. *Journal of Accounting and Economics*，1989(11).

② 在 Bhushan(1989)以及 Moyer、Chatfiled & Sisneros(1989)的研究中,内部人的定义是基于 Jensen & Meckling(1976)意义上的,即公司的管理层。

③ Moyer，Charles，Robert E. Chatfield, Phillip M. Sisneros. Security Analyst Monitoring Activity：Agency Costs and Information Demands [J]. *The Journal of Financial and Quantitative Analysis*，1989，24(4).

④ Mark Lang, Karl V. Lins, Darius P. Miller. Concentrated Control, Analyst Following, and Valuation：Do Analysts Matter Most When Investors Are Protected Least？[J]. *Journal of Accounting Research*，2004，42(3).

⑤ Steve Rock, Stanley Sedo, Michael Willenborg. Analyst Following and Count-Data Econometrics[J]. *Journal of Accounting and Economics*，2001(30).

论,在他们的研究中,持有公司股票的机构投资者数量与证券分析师关注度之间呈负相关关系。阿克特和阿瑟纳萨科斯(Ackert & Athanassakos, 2003)①对455家上市公司的研究也发现机构投资者持股比例与证券分析师关注度之间呈负相关关系。

在政府持股方面,霍普(Hope, 2003)②的研究同时发现,政府持有股份数量与证券分析师关注度之间存在负相关关系;与此相反,马克·朗,林斯和米勒(Mark Lang, Lins & Miller, 2004)③的研究发现,政府持有股份数量与证券分析师关注度正相关,但结果并不显著。

通过以上对国外文献的梳理,我们发现,从整体上看,国外学者对股权结构与证券分析师关注度之间的关系进行了较为深入的研究。但是,在某些重要问题上国外学者尚未达成一致的结论,如政府股东对证券分析师关注度存在何种影响?

与国外的研究相比,国内对证券分析师的研究起步较晚,目前有关证券分析师的研究还相当少见,胡奕明等(2005④,2006⑤)、林小驰等(2007⑥)和方军雄(2007⑦)是国内为数不多的有关证券分析师关注度的文献作者,但是对股权结构与中国证券分析师关注度之间关系的研究尚属空白。其原因可能在于中国证券分析师行业的发展历史还不长,各种研究所需要的数据还相当不完善,国内学者对这方面的研究还缺乏足够的重视。鉴于中外国情的差异,国外研究的结论能否直接移植还不得而知(特别是

---

① Ackert L. , George Athanassakos. A Simultaneous Equations Analysis of Analysts' Forecast Bias, Analyst Following, and Institutional Ownership[J]. *Journal of Business Finance & Accounting* , 2003, 30(7).

② Hope Ole-Kristian. Analyst Following and the Influence of Disclosure Components, IPOs and Ownership Concentration[R]. Working Paper, University of Toronto, 2003.

③ Mark Lang, Karl V. Lins, Darius P. Miller. Concentrated Control, Analyst Following, and Valuation: Do Analysts Matter Most When Investors Are Protected Least? [J]. *Journal of Accounting Research* , 2004, 42(3).

④ 胡奕明,沈光明,岑江华. 见解的独到性与预示性——关于我国证券分析师分析能力的实证研究[J].中国会计评论,2005(3).

⑤ 胡奕明,金洪飞.证券分析师关注自己的声誉吗? [J].世界经济,2006(2).

⑥ 林小驰,欧阳晴,岳衡. 谁吸引了海外证券分析师的关注[J].金融研究,2007(1).

⑦ 方军雄.我国上市公司信息披露透明度与证券分析师预测[J].金融研究,2007(6).

在某些关键问题上,国外学者也未形成较为一致的意见),有关的结论尚需要经过中国数据的实证检验,我们希望在这一方面能有所贡献。

8.3　基　本　假　设

本章选择证券分析师关注度作为信息披露质量的代理变量,研究终极产权对上市公司信息披露质量的影响,从信息披露质量的视角进一步讨论终极产权的治理效率。证券分析师关注度与信息披露质量之间存在着密切的关系,有关这一点可以从证券分析师的成本收益分析角度来予以说明。

理论上,证券分析师在决定是否关注某个上市公司时会进行成本收益比较。从成本的角度出发,证券分析师关注某一家上市公司是需要支付一定的成本,其中最重要的一项成本是信息收集成本,显然,上市公司的信息披露质量越高,证券分析师所花费的信息收集成本就越低,令这一成本为 $TC(i)$,其中 i 代表上市公司的信息披露质量,则有 $\dfrac{\partial TC}{\partial i} < 0$;另一方面,证券分析师从发布对某一上市公司的研究报告中获得的收益取决于投资者的需求,投资者的需求量越大,则证券分析师从中获得的收益也就越大。已有的研究表明,从投资者的角度来看,在其他条件相同时,信息披露质量较高的上市公司其投资价值也越高(Mark Lang, Lins & Miller, 2003;白重恩等,2005),因而投资者对信息披露质量较高的上市公司相关研究报告的需求量也越大。令证券分析师的收益为 $TR(i)$,则上述分析意味着 $\dfrac{\partial TR}{\partial i} > 0$。令证券分析师的净收益 $NR(i) = TR(i) - TC(i)$,根据前面的分析易得 $\dfrac{\partial NR}{\partial i} = \dfrac{\partial TR}{\partial i} - \dfrac{\partial TC}{\partial i} > 0$,即上市公司的信息披露质量越高,证券分析师对该公司的关注度就越高,换句话说,信息披露差的企业更难吸引证券分析师的关注。马克·朗和伦德霍尔姆(Mark Lang & Lundholm, 1996)[1]以

---

[1]　Mark Lang, R. Lundholm. Corporate Disclosure Policy and Analyst Behavior [J]. *The Accounting Review*, 1996(71).

及希利,赫顿和帕利普(Healy, Hutton & Palepu, 1999)[1]的研究也证实了这一结论。

根据本书之前的分析,不同的终极产权结构所引发的代理问题的程度有差别,勒兹,南达和维索茨基(Leuz, Nanda & Wysocki, 2003)[2]认为,内部人会采取盈余管理的方式来减少其财务陈述中的信息含量以降低外部干预的可能性。换句话说,不同的终极产权结构将会最终影响到信息披露水平,最终控制人采取各种手段来掩盖其对上市公司的利益侵占行为,将会导致信息披露质量的降低。因此,对那些存在容易引发严重代理问题的终极产权结构的上市公司而言,证券分析师的关注度更低。

在此背景下,遵循本书之前的理论逻辑,我们提出如下研究假设:

假设 8-1:最终控制人持有的所有权份额越高,证券分析师对该公司的关注度越高。

假设 8-2:最终控制人持有的控制权份额越高,证券分析师对该公司的关注度越高。

假设 8-3:最终控制人控制权与所有权的分离程度越大,证券分析师对该公司的关注度越低。

假设 8-4:证券分析师对国有上市公司的关注度低于非国有上市公司。

8.4 样本选择、变量选取及初步分析

8.4.1 样本选择及数据来源

本研究的样本为沪深 A 股上市公司。在研究时间段的选择上,我们采用和本书终极产权相一致的样本区间,即 2008 年度至 2011 年度。通过

---

① P. Healy, A. Hutton, K. Palepu. Stock Performance and Intermediation Changes Surrounding Sustained Increases in Disclosure[J]. *Contemporary Accounting Research*, 1999(16).

② C. Leuz, D. Nanda, Wysocki PD. Earnings Management and Investor Protection: an International Comparison[J]. *Journal of Financial Economics*, 2003, 69(3).

对年报的整理,我们获得了 6 645 家上市公司最终控制人的股权结构数据。以上述 6 645 家上市公司为原始样本,考虑到研究问题本身的需要,我们进行了如下筛选:(1)考虑到与一般公司资本结构的显著差异,本书的样本不包括金融类公司;(2)剔除了部分数据缺失的样本。① 经过上述处理,我们最终得到了包含 6 204 个观测值的有效样本。其中最终控制人的股权结构资料来源于上市公司年报,手工整理得到,证券分析师关注度来源于维赛特资讯平台,其他数据来源于 wind 金融数据库。

8.4.2　变量选取

8.4.2.1　被解释变量

我们以证券分析师关注度(analyst following, AF)作为被解释变量,这一变量用给定年度段中跟踪某一公司的证券分析师数量来衡量。例如,在 2008 年对某上市公司进行盈余预测的证券分析师数量为 10 人,那么该公司的证券分析师关注度即为 10。②

8.4.2.2　解释变量

本书的解释变量是终极产权变量。对上市公司终极产权的描述依赖于对最终控制人的刻画。我们采用与拉波塔,洛佩兹和施莱佛(La Porta, Lopez-de-Silanes & Shleifer, 1999)③类似的方法,通过层层追溯上市公司控制链(control chain)的方式来找出最终控制人。相关的解释变量包括:

① 最终控制人的所有权(CF)、控制权(VR)及其分离程度(DIV)。最终控制人的所有权在文献中又被称为现金流权,等于控制链条上各所有权比例的乘积。最终控制人的控制权在文献中又被称为投票权,等于控制链条上最弱的一环。正式地,假设某上市公司的控制层级为 n,每层的所有

---

① 这些样本只占总样本的 4% 左右,比例很小。

② 为了防止极端值(outlier)对结果的影响,我们对分析师关注度指标进行了缩尾调整(winsorizing),将该变量中大于 95% 分位的数值调整到 95% 分位的数值。

③ La Porta, Lopez-de-Silanes, Shleifer. Corporate Ownership Around the World [J]. *The Journal of Finance*, 1999, 54(2).

权为 α_i，则最终控制人的现金流权(所有权)为 $\prod \alpha_1 \alpha_2 \cdots \alpha_n$，控制权为 $\min(\alpha_1, \alpha_2, \cdots, \alpha_n)$。最终控制人控制权和所有权之差即为分离程度。

② 最终控制人类型(SOE)。当最终控制人为国有时，取值为 1，否则取值为 0。

8.4.2.3 控制变量

影响证券分析师关注度的因素是复杂的，为此我们引入以下一组控制变量：[1]

① 公司规模(SIZE)。我们用公司总资产的对数来代表公司规模。大量的研究表明，大公司更有可能吸引证券分析师的关注(Bhushan, 1989[2])。

② 成长能力(GA)。成长能力用近三年(2004~2006)营业利润增长率的平均值来衡量。马克·朗，林斯和米勒(Mark Lang, Lins & Miller, 2004[3])的研究表明，高成长性企业更能吸引证券分析师的关注。为了防止极端值(outlier)对结果的影响，我们对成长能力指标进行了缩尾调整(winsorizing)，将该变量中大于 95％分位和小于 5％分位的数值分别调整到 95％分位和 5％分位的数值。[4]

③ 负债程度(LEV)。我们用总资产负债率来衡量负债程度。莫耶，查特菲尔德和西斯内罗斯(Moyer, Chatfield & Sisneros, 1989[5])发现，证券分析师关注度与负债比率之间存在负相关关系。

④ 行业虚拟变量(Industry Dummy)。由于证券分析师关注度在很大

---

[1] 在我们另外一篇题为《公司特征与证券分析师关注》的工作论文中对中国证券分析师关注度的影响因素进行了详细讨论。

[2] Bhushan, Ravi. Firm Characteristics and Analyst following[J]. *Journal of Accounting and Economics*, 1989(11).

[3] Mark Lang, Karl V. Lins, Darius P. Miller. Concentrated Control, Analyst Following, and Valuation: Do Analysts Matter Most When Investors Are Protected Least? [J]. *Journal of Accounting Research*, 2004, 42(3).

[4] 采用调整前的原始值对本文主要结论的性质没有影响。

[5] Charles Moyer, Robert E. Chatfield, Phillip M. Sisneros. Security Analyst Monitoring Activity: Agency Costs and Information Demands [J]. *The Journal of Financial and Quantitative Analysis*, 1989, 24(4).

程度上受到行业差异的影响,我们引入行业虚拟变量来控制行业效应。在具体的行业分类上,我们采用申银万国行业分类标准,①以综合类为基准组,设置了 21 个代表行业分类的虚拟变量来控制不同行业所带来的影响,它们依次是:农林牧渔、采掘、化工、黑色金属、有色金属、建筑材料、机械设备、电子元器件、交运设备、信息设备、家用电器、食品饮料、纺织服装、轻工制造、医药生物、公用事业、交通运输、房地产、商业贸易、餐饮旅游和信息服务。

⑤ 年度虚拟变量(Year Dummy)。以 2008 年为基准,我们设置了三个反映年度的虚拟变量。

表 8-1 列出了本书研究所使用的全部变量的定义和说明。

表 8-1　变量定义与说明

变量类型	变量名称	变　量　定　义
被解释变量	证券分析师关注度(AF)	用给定时间段中关注样本公司的证券分析师人数来衡量,其计算方法是将 2007 年证券分析师发布的有关该公司的报告次数加总而得。
解释变量	控制权(VR)	等于控制链条上最弱的一环。
	所有权(CF)	等于控制链条上各股权比例的乘积。
	分离程度(DIV)	等于最终控制人的控制权减去所有权。
	最终控制人类型(SOE)	当最终控制人为国有时,取值为 1,否则取值为 0。
控制变量	公司规模(SIZE)	用公司总资产的对数来代表公司规模。
	成长能力(GA)	成长能力用近三年(2004~2006)营业利润增长率的平均值来衡量。为了防止极端值(outlier)对结果的影响,对成长能力指标进行了缩尾调整(winsorizing),将该变量中大于 95% 分位和小于 5% 分位的数值分别调整到 95% 分位和 5% 分位的数值。

① 　行业控制变量采用申银万国行业分类。起初我们按照中国证监会行业分类标准来设定行业控制变量,但是通过与部分证券分析师的沟通了解到,在进行公司分析时,证券分析师采用申银万国行业分类标准更为普遍,因此我们转而采用申银万国行业分类。申银万国行业分类体系由 23 个大类组成,本文的样本事先剔除了金融服务业。

变量类型	变量名称	变　量　定　义
控制变量	负债程度(LEV)	用总资产负债率来衡量负债程度。
	行业虚拟变量 (Industry Dummy)	采用申银万国行业分类标准,以综合类为基准组,设置了21个代表行业分类的虚拟变量来控制不同行业所带来的影响。
	年度虚拟变量 (Year Dummy)	以2008年为基准,设置三个年度虚拟变量。

8.4.3　初步分析

(1)描述性统计

表8-2列出了股权结构的描述性统计。

表8-2　股权结构的描述性统计

PanelA:不同分界水平下的最终控制人类型				
最终控制 人类型	10%分界		20%分界	
	公司数量 (家)	占全部样本 比例(%)	公司数量 (家)	占全部样本 比例(%)
国有控制	3 475	55	3 162	57
非国有控制	2 788	45	2 376	43
合　计	6 263	100	5 538	100
PanelB:所有权、控制权及其分离程度				
	均值(%)	标准差(%)	最小值(%)	最大值(%)
所有权	32.05	17.29	0.52	92.00
控制权	38.26	15.56	10.00	92.00
分离程度	6.06	8.33	0.00	46.35

表8-2的A栏报告了最终控制人的类型。在10%控制权下限的水平上,国有控制上市公司所占的比重最高,大约55%的上市公司被政府控

制着,非国有最终控制人控制了剩下的大约 45% 的上市公司(我们在多元回归分析中使用了 10% 的下限水平)。该栏也显示了在 20% 控制权下限水平上的最终控制人类型分布。我们发现在这一分界水平上上市公司最终控制人的类型分布并未发生太大的变化,国有控制上市公司所占的比重从大约 55% 上升到 57% 左右,而非国有控制的上市公司所占比重仅从 45% 稍稍下降至 43%(我们在稳健性检验中使用 20% 的下限水平来考察本书结果的可靠性)。这表明在大多数上市公司中最大的股东均持有 20% 以上的股份。

表 8-2 的 B 栏报告了最终控制人的所有权、控制权及其分离程度。最终控制人控制的所有权均值为 32.05%,掌握的控制权均值为 38.26%,这两项指标均远远高于克莱森斯,詹科夫和郎咸平(Claessens, Djankov & Lang, 2000)①研究中东亚国家和地区的平均水平,表明中国上市公司具有更为集中的所有权。控制权与所有权的分离程度均值为 6.06%,但是在不同的公司间存在着较大的差别,最小分离程度为 0,最大分离程度高达 46.35%。

表 8-3 列出了证券分析师关注度及控制变量的描述性统计。

表 8-3　证券分析师关注度及控制变量的描述性统计

变量名称	样本量	均　值	标准差	最小值	最大值
AF	6 204	13.927	20.130	0	86
SIZE	6 204	21.672	1.329	18.462	25.502
GA	6 204	0.162	0.288	−0.411	1.283
LEV	6 204	0.499	0.223	0.049	1.000

(2) 相关性分析

表 8-4 给出了各变量之间的 Pearson 相关系数(皮尔逊相关系数)。

---

① Stijn Claessens, Simeon Djankov, Larry H. P. Lang. The Separation of Ownership and Control in East Asian Corporations[J]. *Journal of Financial Economics*, 2000(58).

表 8-4 Pearson 相关系数

	AF	CF	DIV	SOE	SIZE	GA	LEV
AF	1.000						
CF	0.235 (0.000)	1.000					
DIV	−0.059 (0.101)	−0.491 (0.000)	1.000				
SOE	0.070 (0.055)	0.433 (0.000)	−0.358 (0.000)	1.000			
SIZE	0.506 (0.000)	0.301 (0.000)	−0.059 (0.105)	0.273 (0.000)	1.000		
GA	0.242 (0.000)	0.097 (0.007)	−0.019 (0.593)	0.016 (0.658)	0.152 (0.000)	1.000	
LEV	−0.094 (0.009)	−0.055 (0.130)	0.016 (0.662)	−0.022 (0.545)	0.088 (0.015)	−0.193 (0.000)	1.000

注：表中第一行数字为 Pearson 相关系数,括号内数字为对应的双尾概率 p 值。

从表 8-4 可以发现,最终控制人的现金流权与证券分析师关注度显著正相关;最终控制人控制权与现金流权的分离程度与证券分析师关注度负相关,显著性水平在 10% 左右;最终控制人类型与证券分析师关注度显著正相关。同时,公司规模与证券分析师关注度显著正相关;成长能力与证券分析师关注度正相关;多个市场上市变量与证券分析师关注度负相关,但是并不显著;收益的波动性与证券分析师关注度负相关,但是不具备统计意义上的显著性;负债程度与证券分析师关注度显著负相关。相关性分析为我们提供了初步的证据,但是并没有控制其他影响证券分析师关注的变量。因此,要更精确地考察股权结构与证券分析师关注度之间的关系,还需要进行更为严格的多元回归分析。

8.5 实证结果及分析

8.5.1 模型设定与计量方法

8.5.1.1 模型设定

接下来我们将通过设定相应的计量回归方程来检验前面提出的理论假设。已有的研究提供了股权结构之外的一系列可能影响证券分析师关注的因素。参考马克·朗和伦德霍尔姆(Mark Lang & Lundholm, 1996)的做法，我们设定如下回归方程：

$$Analyst\ following = \beta_0 + \beta_o \times Ownership + \beta_c \times Controls + \varepsilon$$

(8.1)

方程(8.1)中 $Analyst\ following$ 为证券分析师关注度变量，$Ownership\ variables$ 为股权结构变量，我们将根据假设检验的需要，依次引入最终控制人所有权(CF)、控制权(VR)、分离程度(DIV)以及最终控制人类型(SOE)。① 有关回归方程变量选取的详细介绍参见本章第四节。

在这里，我们关心的是 $Ownership\ variables$ 的估计系数。根据前面的假设，如果 CF 的估计系数显著为正，则代表最终控制人持有的所有权份额越高，证券分析师对该公司的关注度越高；如果 DIV 的估计系数显著为负，则说明最终控制人控制权与所有权的分离程度越大，证券分析师对该公司的关注度越低；如果 SOE 的估计系数显著为负，则表明证券分析师对国有上市公司的关注度低于非国有上市公司。

8.5.1.2 计量方法：计数数据回归

本章的被解释变量证券分析师关注度是一类比较特殊的变量，它的取值范围是非负整数值 $\{0,1,2,\cdots\}$，这类变量被称为计数变量(count

---

① 我们在这里假设了一个特定方向的因果关系，即股权结构对证券分析师关注度的影响。我们在第六节稳健性检验中进一步讨论这一假设。

variable)。对于这种类型的变量而言,简单使用线性概率模型(LPM)将可能存在偏误,$E(y|x_1, x_2, \cdots, x_k)$ 的线性模型恐怕不能对所有解释变量的值提供最好的拟合。

因为计量变量的取值中包含了零,所以不能对它取对数。一个有价值的方法是将期望值模型化为一个指数函数:

$$E(y|x_1, x_2, \cdots, x_k) = \exp(\beta_0 + \beta_1 x_1 + \cdots + \beta_k x_k) \qquad (8.2)$$

由于 $\exp(\cdot)$ 总为正,所以上式确保了 y 的预测值也总为正。

在基本的线性回归中,正态性被认为是线性回归的标准分布假定。正态性假定对取值范围很大的大致连续因变量而言是合理的,但是计数变量不可能具有正态分布(因为正态分布是能取所有值的联系变量)。对于计数数据而言,令人满意的分布则是泊松分布(poisson distribution)。

由于这里感兴趣的是解释变量对 y 的影响,所以必须看一下以 x 为条件的泊松分布。因为泊松分布完全由其均值决定,所以只需要确定 $E(y|x)$。假定它具有与式(8.2)同样的形式,简记为 $\exp(x\beta)$。于是,以 x 为条件, y 等于 h 的概率为

$$P(y = h|x) = \exp[-\exp(x\beta)] [\exp(x\beta)]^h/h!, \ h = 0, 1, \cdots$$
$$(8.3)$$

上式中,$h!$ 为阶乘。这个作为泊松回归模型(poisson regression model)基础的分布,使我们能够求出对应于解释变量所有值的条件概率。比如,$P(y=0|x) = \exp[-\exp(x\beta)]$。一旦能够得到 β_j 的估计值,就可以代入其中求出对于 x 的各个值的概率。

给定一个样本 $\{(x_i, y_i): i = 1, 2, \cdots, n\}$,可以构造对数似然函数:

$$L(\beta) = \sum_{i=1}^{n} l_i(\beta) = \sum_{i=1}^{n} \{y_i x_i \beta - \exp(x_i \beta)\} \qquad (8.4)$$

其中我们去掉了 $-\log(y_i!)$ 一项,因为它与 β 无关。最大化这个对数似然函数便可以得到泊松估计值 $\hat{\beta}_j$。在最大化对数似然函数之后,就容易得到泊松估计值 $\hat{\beta}_j$ 的标准误。

8.5.2　多元回归结果及分析

多元回归分析的目的是检验前文提出的理论假设,这里将通过计量结果依次提供有关假设的经验证据。考虑到截面数据回归容易受到异方差(heteroskedasticity)问题的影响,这将导致估计量的方差是有偏的,我们通过报告异方差稳健标准误(heteroskedasticity-robust standard error)来进行修正。回归结果如表 8 - 5 所示。

表 8 - 5　终极产权与证券分析师关注度的回归结果

	被解释变量：证券分析师关注度							
	回归(1)：OLS		回归(2)：OLS		回归(3)：Poisson		回归(4)：Poisson	
	系数	双尾概率 P 值	系数	双尾概率 P 值	系数	双尾概率 P 值	系数	双尾概率 P 值
CF	6.638	0.008 ***			0.011	0.005 ***		
VR	−5.603	0.046 **			−0.171	0.020 **		
DIV			−7.716	0.003 ***			−0.051	0.012 **
SOE	−3.955	0.000 ***	−3.961	0.000 ***	−0.247	0.000 ***	−0.253	0.000 ***
SIZE	9.281	0.000 ***	9.311	0.000 ***	0.601	0.000 ***	0.595	0.000 ***
GA	4.087	0.000 ***	−14.069	0.000 ***	0.470	0.000 ***	0.464	0.000 ***
LEV	−13.965	0.000 ***	4.162	0.000 ***	−1.657	0.000 ***	−1.637	0.000 ***
常数项	−174.575	0.000 ***	−174.719	0.000 ***	−25.882	0.002 ***	−25.798	0.083 *
Year and Industry	Yes		Yes		Yes		Yes	
R 平方	0.356		0.356 7		0.358 0		0.390 2	
样本数	6 204		6 204		6 204		6 204	

注：双尾概率 P 值为基于异方差稳健标准误的结果。＊表示在 10% 的显著性水平下显著,＊＊表示在 5% 的显著性水平下显著,＊＊＊表示在 1% 的显著性水平下显著。

表 8 - 5 中的回归(1)和回归(2)是采用 OLS 回归的结果,回归(3)和回归(4)是采用泊松回归的结果。总体上看,计数数据回归方法与 OLS 回

归方法在估计系数和显著性上存在着差异,但是不同的估计方法得出的终极产权有关变量的估计系数在方向上是一致的。表8-5中回归(3)和(4)的结果表明,在控制了是否在公司规模、成长能力、负债比率和行业及年度等因素的情况下,最终控制人的所有权与证券分析师关注度显著正相关;最终控制人的控制权与证券分析师关注度显著负相关。这一结果证明了假设8-1和假设8-2,说明最终控制人的所有权越大,证券分析师对该公司的关注度越高。在控制了其他影响证券分析师关注度因素的情况下,最终控制人控制权与所有权的分离程度与证券分析师关注度显著负相关。这一结果证明了假设8-3,说明最终控制人控制权和所有权的分离程度越大,证券分析师对该公司的关注度越低。在控制了其他影响证券分析师关注度因素的情况下,最终控制人类型(SOE)的估计系数显著为负,表明与非国有上市公司相比,证券分析师对国有上市公司的关注度更低。这一结果证明了假设8-4,说明非国有上市公司更能吸引证券分析师的关注。从整体上看,实证检验的结果与本章所提出的假设是一致的。

为保证研究结论的可靠性,我们从以下几个方面进行了稳健性检验。首先,我们考虑本书的结论是否受到不同控制权分界水平的影响,当控制权分界水平由10%上升到20%时本书的结论是否依然成立?为此,我们选择20%的分界水平对样本进行重新分析,回归结果如表8-6所示。

表8-6 股权结构与证券分析师关注度的回归结果:20%的分界水平

	被解释变量:证券分析师关注度							
	回归(5):OLS		回归(6):OLS		回归(7):Poisson		回归(8):Poisson	
	系数	双尾概率P值	系数	双尾概率P值	系数	双尾概率P值	系数	双尾概率P值
CF	5.663	0.025**			0.003	0.053*		
VR	-6.338	0.029**			-0.319	0.076*		
DIV			-6.794	0.011**			-0.028	0.082*
SOE	-4.339	0.000***	-4.398	0.000***	-0.266	0.000***	-0.274	0.000***

续　表

	被解释变量：证券分析师关注度							
	回归(5)：OLS		回归(6)：OLS		回归(7)：Poisson		回归(8)：Poisson	
	系数	双尾概率 P 值	系数	双尾概率 P 值	系数	双尾概率 P 值	系数	双尾概率 P 值
R 平方	0.366 1		0.366 3		0.385 5		0.384 5	
样本数	5 527		5 527		5 527		5 527	

注：双尾概率 P 值为基于异方差稳健标准误的结果。* 表示在 10% 的显著性水平下显著，** 表示在 5% 的显著性水平下显著，*** 表示在 1% 的显著性水平下显著。出于节约篇幅的考虑，我们没有报告控制变量和常数项的估计系数与显著性水平。

表 8-6 中的回归(5)、(6)、(7)、(8)分别报告了 20% 分界水平的样本中最终控制人的所有权(CF)、控制权(VR)、分离程度(DIV)和最终控制人类型(SOE)的估计系数。我们发现，与 10% 的分界水平比较，所有权、控制权及分离程度等变量的估计系数和显著性程度均未发生明显变化。但是，最终控制人类型变量的估计系数和显著性程度均出现一定的下降，我们推测其原因在于，在 20% 以上的控制权分界水平下，最终控制人对上市公司的控制力度是非常强的，此时无论最终控制人是国有还是非国有性质，其行为方式都比较接近，并不存在显著的差异。

其次，我们考虑了逆向因果的可能性(reverse causality)。在研究股权结构对证券分析师关注度的影响时，另一个可能出现的问题是逆向因果的影响，即证券分析师关注度对股权结构的影响。但是看起来公司不大可能依据证券分析师关注度来经常或者迅速调整其所有权结构。马克·朗，林斯和米勒(Mark Lang, Lins & Miller, 2004)[①]认为，股权结构更多的是由历史原因所形成的，并且股权结构在相当长的时间内是相对稳定的(LLS,1999[②])，而不是取决于证券分析师关注度。同时，本书所使用

---

① Mark Lang, Karl V. Lins, Darius P. Miller. Concentrated Control, Analyst Following, and Valuation: Do Analysts Matter Most When Investors Are Protected Least? [J]. *Journal of Accounting Research*, 2004, 42(3).

② La Porta, Lopez-de-Silanes, Shleifer. Corporate Ownership Around the World [J]. *The Journal of Finance*, 1999, 54(2).

样本的特点进一步降低了这一可能性(本书的证券分析师关注度数据来自2007年度,而股权结构数据来自2006年度)。因此,对股权结构的外生性(exogenous)假设应该是合理的。我们认为,由于逆向因果而导致的内生性问题(endogeneity)并不严重。

最后,我们对方程中的控制变量如公司成长能力、公司规模等采用替代指标代入回归模型中。除了本书模型中使用的公司总资产外,公司的销售总额也是在研究中经常采用的反映公司规模的指标;对于公司成长性的衡量,研究中也经常采用公司总资产年度增长率指标。分别用上述指标替代模型中原有的控制变量,结果发现对本书主要结论的性质没有实质影响。

8.6　本　章　小　结

最终控制人侵占上市公司的"隧道效应"与信息披露质量之间存在着密切的联系。充分的信息披露对抑制"隧道效应"是十分必要的,诚实的管理者会及时、充分和准确地提供公司经营状况、财务状况和外部环境的相关信息。与之相反,在代理问题严重的公司,大股东为了掩盖其利益侵占行为、避免外部监督和潜在的法律惩罚,往往会更少地披露信息,在极端的情况下,最终控制人会通过操纵会计利润来掩盖利益侵占行为。因此,从信息披露质量的角度可以为终极产权的治理效率提供进一步的证据。考虑到直接衡量信息披露质量的困难,我们采用独特的视角,以证券分析师关注度作为信息披露质量的代理变量,使用中国资本市场的相关数据实证检验了终极产权对信息披露质量的影响。

研究发现,最终控制人的所有权越大,证券分析师对该公司的关注度越高;最终控制人的控制权越大,证券分析师对该公司的关注度越低;最终控制人控制权和所有权的分离程度越大,证券分析师对该公司的关注度越低。与非国有上市公司相比,证券分析师对国有上市公司的关注度更低。本章的分析从信息披露质量的视角对最终控制人利益侵占行为进行了进一步的分析,深化了有关终极产权与利益侵占之间关系的研究。

第9章 终极产权与薪酬-高管绩效敏感性：进一步分析

本部分我们将继续在前面理论分析的基础上,利用来自中国上市公司的相关数据,采用计量回归方法来考察终极产权对高管薪酬契约的影响,从而提供有关终极产权经济后果的进一步证据。之所以选择高管薪酬契约这一角度展开研究,是基于如下考虑:作为缓解代理问题的一种重要治理机制,薪酬契约已经得到了国外学者的广泛重视(Jensen & Murphy, 1990)①。近年来,国内学者也逐渐开始关注高管薪酬问题(高明华等, 2010,2011,2013)②。本章的相关分析提供了有关终极产权治理效率的进一步证据。

9.1 引　　言

作为公司战略的制定者和实施者,高管对公司经营的方方面面都有着不可忽视的影响。因此,如何有效激励高管,让高管发挥最大的潜能,是公司治理理论经久不衰的核心话题。根据委托代理理论,作为一个理性的经济个体,高管的个人决策行为往往服从个人效用最大化,其追逐私利的动

---

① M. Jensen, Murphy K. J.. Performance Pay and Top Management Incentives[J]. *Journal of Political Economy*, 1990, 98(2).

② 高明华等.中国上市公司高管薪酬指数报告(2009)[M].北京:经济科学出版社,2010;高明华等.中国上市公司高管薪酬指数报告(2011)[M].北京:经济科学出版社,2011;高明华等.中国上市公司高管薪酬指数报告(2013)[M].北京:经济科学出版社,2013.

机不利于股东财富最大化的目标(Jensen & meckling, 1976)①。设计有效的高管薪酬激励机制以激励高管努力工作并追求股东价值最大化的目标(Jensen & Murphy, 1990)②就成为公司治理的重要内容。

在高管薪酬契约制定过程中,最终控制人具有决定性的作用。按照标准的公司治理程序,上市公司高管薪酬契约由董事会制定。在中国公司治理实践中,上市公司董事会往往由最终控制人主导,最终控制人指定或任免的董事通常对董事会决策有着关键性影响。按照这一逻辑,作为最终控制人控制公司的一个重要方面,高管薪酬契约必然会受到终极产权因素的影响。与此相对性的理论问题就是,终极产权是否会影响高管薪酬契约呢? 如果是,那么终极产权影响高管薪酬契约的理论逻辑是什么?

在本章接下来的部分,我们将基于最优薪酬契约模型探讨终极产权对高管薪酬-业绩敏感性的影响,并通过中国上市公司的相关数据对此问题进行系统性检验,从而提供终极产权经济后果的进一步证据。

9.2 理论分析与研究假设

9.2.1 高管薪酬-业绩敏感性模型

20 世纪 70 年代以来,基于委托代理理论的分析框架,一些经济学家把注意力放在了股东和高管之间的委托代理关系,利用委托代理模型研究股东与高管之间的委托代理关系,求解激励高管的最优契约,这就是最优契约论。最优契约论的核心是建立了一个高管薪酬-业绩敏感性模型。具体来说,最优契约框架下高管薪酬-业绩敏感性模型的基本内容如下:

假定 a 是高管的一个努力变量,企业产出函数为线性形式 $\pi = a + \theta$,

---

① Jensen Michael C. , William H. Meckling. Theory of the Firm: Managerial Behavior, Agency Cost, and Ownership Structure[J]. *Journal of Financial Economics*, 1976(3).

② M. Jensen, Murphy K. J.. Performance Pay and Top Management Incentives[J]. *Journal of Political Economy*, 1990, 98(2).

其中，θ 是符合均值为零，方差为 σ^2 的正态分布随机变量，代表外生的不确定性因素。因此，$E\pi = E(a+\theta) = a$，$var(\pi) = \sigma^2$，即高管的努力水平决定产出的均值，但不影响产出的方差。假定股东是风险中性的，高管是风险规避的。考虑线性的激励合同：$s(\pi) = \alpha + \beta\pi$，其中，$\alpha$ 是高管的固定收入（即基本薪酬），β 是高管分享的产出份额，即产出 π 每增加一个单位，高管的报酬增加 β 单位。$\beta = 0$ 意味着高管不承担任何风险，$\beta = 1$ 意味着高管承担全部风险。因为股东是风险中性的，给定 $s(\pi) = \alpha + \beta\pi$，股东的期望效用等于期望收入：

$$Ev(\pi - s(\pi)) = E(\pi - \alpha - \beta\pi) = -\alpha + E(1-\beta)\pi = -\alpha + (1-\beta)a \tag{9.1}$$

假定高管的效用函数具有不变绝对风险规避特征，即 $u = -e^{-\rho w}$，其中 ρ 是绝对风险规避度量，w 是实际货币收入。假定高管努力的成本是 $c(a) = ba^2/2$，这里 $b > 0$ 代表成本系数。

那么，高管的实际收入为 $w = s(\pi) - c(a) = \alpha + \beta(a+\theta) - (ba^2/2)$，高管的确定性等价收入为 $Ew - (\rho\beta^2\sigma^2/2) = \alpha + \beta a - (\rho\beta^2\sigma^2/2) - (ba^2/2)$。其中，$Ew$ 是高管的期望收入，$\rho\beta^2\sigma^2/2$ 是高管的风险成本。令 $\bar{w}$ 代表高管的保留收入水平，则如果确定性等价收入小于 $\bar{w}$，高管将不接受合同。因此，高管的最优化问题为：

$$\max -\alpha + (1-\beta)a$$
$$(IR)\,\alpha + \beta a - \frac{1}{2}\rho\beta^2\sigma^2 - \frac{1}{2}ba^2 \geqslant \bar{w} \tag{9.2}$$
$$(IC)\,a = \beta/b$$

将参与约束和激励相容约束带入目标函数，上述最优化问题可以重新表述为：

$$\max \frac{\beta}{b} - \frac{1}{2}\rho\beta^2\sigma^2 - \frac{b}{2}\left(\frac{\beta}{b}\right)^2 - \bar{w} \tag{9.3}$$

一阶条件为：$\frac{1}{b} - \rho\beta^2\sigma^2 - \frac{\beta}{b} = 0$，即 $\beta^* = \frac{1}{1+b\rho\sigma^2} > 0$ \quad(9.4)

这意味着,最优的高管薪酬契约包括两个部分,一部分是基本薪酬(α),与企业业绩无关;一部分是风险薪酬($\beta\pi$),与企业业绩相关。其中,β 就是"高管薪酬-企业业绩相关度",由参数(ρ, σ^2, b)决定。另外,β 是 ρ, σ^2 和 b 的递减函数。就是说,高管越是风险规避,产出的方差越大,高管越是害怕努力工作,他应该承担的风险就越小。后来的很多实证研究就是在利用各国的数据检验"高管薪酬-公司业绩相关度",即 β 的大小,以及影响 β 的各种因素。

9.2.2 终极产权与高管薪酬-业绩敏感性的理论分析

上一小节中,我们对高管薪酬-业绩敏感性的理论模型进行了总结。接下来,基于最优契约理论对高管薪酬-业绩敏感性的分析框架,我们进一步讨论终极产权是如何影响高管-薪酬业绩敏感性的,从而提出本章的主要研究假设。

在式 9.4 中,高管薪酬-业绩敏感性主要受到三个参数的影响:ρ, σ^2 和 b。在这三个参数中,ρ 和 b 是代表高管特征的,本身不太可能受到终极产权因素的直接影响;而 σ^2 是产出的波动程度,容易受到终极产权因素的直接影响。具体来说,根据本书第四章的讨论结果,最终控制人的利益侵占行为将导致公司绩效的恶化,这意味着未来产出更容易发生波动。根据式 9.4,σ^2 的增大将直接导致高管薪酬-业绩敏感性的降低。据此,我们可以推导出一个基本的理论逻辑链条:最终控制人的利益侵占行为将导致未来产出更容易发生波动,从而最终降低高管薪酬-业绩敏感性。在此基础上,结合本书之前的讨论,我们可以很容易地导出如下研究假设:

首先,根据式 4.6,现金流权可以抑制最终控制人的利益侵占行为,这就导致了未来产出波动程度的降低。根据式 9.4,未来产出波动程度的降低意味着高管薪酬-业绩敏感性的提高。据此,我们提出本章的第一个研究假设:

假设 9-1:在其他条件相同的情况下,现金流权对高管薪酬-业绩敏感性具有显著地正向影响。

其次,根据第四章式4.8,控制权对最终控制人的利益侵占行为有着正向影响,加剧了最终控制人的利益侵占程度,这就导致了未来产出波动程度的提高。根据式9.4,未来产出波动程度的提高意味着高管薪酬-业绩敏感性的降低。据此,我们提出本章的第二个研究假设:

假设9-2: 在其他条件相同的情况下,控制权对高管薪酬-业绩敏感性具有显著地负向影响。

再次,根据第四章式4.11,两权分离度对最终控制人的利益侵占行为有着正向影响,加剧了最终控制人的利益侵占程度,这就导致了未来产出波动程度的提高。根据式9.4,未来产出波动程度的提高意味着高管薪酬-业绩敏感性的降低。据此,我们提出本章的第三个研究假设:

假设9-3: 在其他条件相同的情况下,两权分离度对高管薪酬-业绩敏感性具有显著地负向影响。

最后,根据命题7,国有性质的最终控制人更容易发生利益侵占行为,这就导致了未来产出波动程度的提高。根据式9.4,未来产出波动程度的提高意味着高管薪酬-业绩敏感性的降低。据此,我们提出本章的第四个研究假设:

假设9-4: 相对于非国有上市公司,终极产权对高管薪酬-业绩敏感性主要体现在国有上市公司中。

对于上述研究假设,我们可以从直觉上进行理解:由于最终控制人的利益侵占行为对公司业绩存在的负面影响,最优薪酬契约下高管利益将更容易受损。作为对高管的一种补偿,最终控制人只能选择降低业绩在高管薪酬决定中的权重,从而影响高管薪酬-业绩敏感性。

9.3　样本选择、模型设定及初步分析

9.3.1　样本选择及数据来源

本研究的样本为沪深 A 股上市公司。在研究时间段的选择上,我们

采用和本书终极产权相一致的样本区间,即 2008 年至 2011 年度。通过对年报的整理,我们获得了 6 645 家上市公司最终控制人的股权结构数据。以这 6 645 家上市公司为原始样本,考虑到研究问题本身的需要,我们进行了如下筛选:(1) 考虑到与一般公司资本结构的显著差异,本书的样本不包括金融类公司;(2) 剔除了部分数据缺失的样本。经过上述处理,我们最终得到了包含 6 621 个观测值的有效样本。其中最终控制人的股权结构资料来源于上市公司年报,手工整理得到,高管薪酬数据来源于国泰安数据库,其他数据来源于 wind 金融数据库。

9.3.2 模型设定与变量

根据高管薪酬的既有研究,本文采用设定如下基本计量模型来考察终极产权对高管薪酬-绩效敏感性的影响:

$$lnpay = \beta_0 + \beta_1 ROA + \beta_r ROA * Ownership + \beta_0 Ownership + \beta_c Controls$$
$$+ \beta_i \sum Industry + \beta_j \sum Year + \varepsilon \qquad (9.5)$$

在式(9.5)中,$lnpay$ 代表高管的薪酬水平,按照既有研究的做法,本书使用公司年度报告中所披露的"金额最高的前三名高级管理人员的报酬总额"作为高管薪酬的代理变量(辛清泉和谭伟强,2009;高明华等,2013);ROA 代表公司业绩,用总资产收益率来衡量,其值等于营业利润除于平均总资产。按照薪酬-业绩敏感性研究的观点,系数 β_1 就衡量了高管薪酬对业绩的敏感程度。一般而言,我们预期系数 β_1 的估计结果为正,并且其值越大,意味着高管薪酬-业绩敏感性就越高。

交互项 $ROA * Ownership$ 代表了终极产权相关变量与 ROA 的乘积,其估计系数 β_r 就表示终极产权相关变量对高管薪酬-业绩敏感性的影响。根据本文的研究设计,我们分别引入代表现金流权与 ROA 的交互项 $CF *$ ROA、代表控制权与 ROA 的交互项 $VR * ROA$ 以及代表两权分离度与 ROA 的交互项 $DIV * ROA$。依据 9.2 节的分析,我们预计交互项 $CF *$ ROA 的估计系数为正,意味着现金流权的协同效应有助于提高高管薪酬-

业绩敏感性;交互项 $VR*ROA$ 的估计系数为负,意味着控制权的壁垒效应降低了高管薪酬-业绩敏感性;交互项 $DIV*ROA$ 的估计系数为负,意味着两权分离度损害了高管薪酬-业绩敏感性。

参考既有研究,我们还引入了一系列可能影响高管薪酬的控制变量,主要包括:公司规模(SIZE),用公司总资产的对数来代表公司规模;负债程度(LEV),用总资产负债率来衡量负债程度;股权结构(TOP1),用第一大股东持股比例来衡量。此外,考虑到行业和年度因素,我们还同时控制了行业和年度虚拟变量。

表9-1列出了本章研究所使用的全部变量的定义和说明。

表9-1 变量定义与说明

变量名称	变量符号	变量定义
高管薪酬	lnpay	金额最高的前三名高级管理人员的报酬总额。
经营业绩	ROA	营业利润除于平均总资产。
控制权	VR	等于控制链条上最弱的一环。
所有权	CF	等于控制链条上各股权比例的乘积。
分离程度	DIV	等于最终控制人的控制权减去所有权。
公司规模	SIZE	用公司总资产的对数来代表公司规模。
负债程度	LEV	总资产负债率。
股权结构	TOP1	第一大股东持股比例。
行业虚拟变量	Industry Dummy	采用申银万国行业分类标准,以综合类为基准组,设置了21个代表行业分类的虚拟变量来控制不同行业所带来的影响。
年度虚拟变量	Year Dummy	以2008年为基准,设置三个年度虚拟变量。

9.3.3 初步分析

(1)描述性统计

表9-2列出了主要变量的描述性统计结果。从高管薪酬的绝对水平

来看,前三名高管薪酬总额均值为141.10万元,人均约为47万元。从横向对比的角度来看,2001年全国城镇就业人员平均工资仅为1万元,2012年增至4万元,上市公司高管薪酬水平远远高于全国平均工资水平,高管和一般劳动者存在着较大的收入差距。

表9-2 主要变量的描述性统计

变量名称	均 值	标准差	最小值	中位数	最大值
LNPAY	13.770	0.810	10.090	13.800	16.640
ROA	0.040	0.070	−0.330	0.040	0.280
CF	30.300	18.260	0.000	28.500	92.000
VR	36.170	17.340	0.000	35.530	100.000
DIV	0.060	0.080	0.000	0.000	0.460
SIZE	21.660	1.380	11.350	21.550	28.280
LEV	0.500	0.220	0.000	0.500	1.000
TOP1	35.960	15.600	2.200	33.830	89.410

从纵向对比的角度来看,2001年上市公司高管薪酬均值分别为10.78万元,意味着近年来上市公司高管薪酬已经有了非常大的增加。具体来说,2001年中国所有上市公司排名前三名高管的平均薪酬为10.78万元,之后的2002年至2004年,上市公司高管平均薪酬较为平稳,三年分别为12.66万元、10.41万元和12.33万元。从2005年开始,上市公司高管平均薪酬加速上涨,2005年和2006年分别为23.90万元和27.53万元。整体来看,中国上市公司高管薪酬的增长速度是比较可观的。

(2)相关性分析

表9-3列出了主要变量的相关性分析结果。从相关系数来看,经营业绩(ROA)与高管薪酬显著正相关,符合我们的预期。公司规模(SIZE)与高管薪酬显著正相关,意味着大公司更可能支付高的薪酬,这同样符合我们的预期。

表 9 - 3　主要变量相关性分析

	LNPAY	ROA	CF	VR	DIV	SIZE	LEV	TOP1
LNPAY	1.000							
ROA	0.315***	1.000						
CF	0.088***	0.118***	1.000					
VR	0.103***	0.140***	0.886***	1.000				
DIV	0.021*	0.036***	−0.323***	0.127***	1.000			
SIZE	0.482***	0.138***	0.247***	0.267***	0.003	1.000		
LEV	−0.077***	−0.374***	−0.084***	−0.071***	0.027**	0.200***	1.000	
TOP1	0.089***	0.114***	0.683***	0.771***	0.108***	0.327***	−0.002	1.000

9.4　实证结果及分析

9.4.1　整体回归结果

接下来我们采用计量经济学方法来检验终极产权对薪酬-业绩敏感性的影响,估计结果见表 9 - 4。在表 9 - 4 中,第(1)栏是分别加入现金流权与经营业绩的交互项(CF * ROA)和控制权与经营业绩的交互项(VR * ROA)考察现金流权和控制权对薪酬-业绩敏感性的影响;第(2)栏是在此基础上加入主要控制变量的回归结果;第(3)栏是用两权分离度作为终极产权的衡量指标,引入两权分离度与经营业绩的交互项(DIV * ROA),以考察两权分离度对薪酬-业绩敏感性的影响;第(4)栏是在此基础上加入主要控制变量的回归结果。

表 9 - 4　终极产权与薪酬-业绩敏感性：整体回归结果

	(1)	(2)	(3)	(4)
	LNPAY	LNPAY	LNPAY	LNPAY
ROA	2.573***	1.676***	3.267***	2.373***
	(8.414)	(5.757)	(17.837)	(13.173)

	(1)	(2)	(3)	(4)
	LNPAY	LNPAY	LNPAY	LNPAY
CF	-0.004^{***}	-0.005^{***}		
	(-3.047)	(-4.716)		
VR	0.004^{***}	0.004^{***}		
	(3.361)	(2.992)		
CF * ROA	0.039^{**}	0.051^{***}		
	(2.370)	(3.295)		
VR * ROA	-0.015	-0.024		
	(-0.884)	(-1.459)		
DIV			0.377^{***}	0.547^{***}
			(3.131)	(4.638)
DIV * ROA			-2.632	-3.626^{**}
			(-1.541)	(-2.312)
SIZE		0.298^{***}		0.298^{***}
		(36.727)		(36.845)
LEV		-0.273^{***}		-0.291^{***}
		(-5.835)		(-6.198)
TOP1		-0.004^{***}		-0.005^{***}
		(-5.447)		(-8.389)
SOE		0.027		0.025
		(1.417)		(1.312)
Industry	Y	Y	Y	Y
Year	Y	Y	Y	Y
常数项	13.073^{***}	6.851^{***}	13.090^{***}	6.807^{***}
	(62.284)	(19.156)	(62.707)	(19.245)
N	6 621	6 621	6 621	6 621
R2	0.169	0.366	0.167	0.365

注：双尾概率 P 值为基于异方差稳健标准误的结果。＊表示在 10％的显著性水平下显著，＊＊表示在 5％的显著性水平下显著，＊＊＊表示在 1％的显著性水平下显著。

从第(1)栏的估计结果可以看出：首先，经营业绩(ROA)变量的估计系数显著为正，意味着中国上市公司高管薪酬契约设计中确实考虑了经营业绩因素，业绩越好，薪酬越高；其次，现金流权与经营业绩的交互项(CF * ROA)的估计系数同样为正，并且在5%的水平下显著，说明现金流权增加了高管薪酬-业绩敏感性，这进一步验证了现金流权的协同效应；再次，控制权与经营业绩的交互项(VR * ROA)的估计系数为负，但是不具有统计意义上的显著性，负的估计系数意味着控制权降低了高管薪酬-业绩敏感性，说明控制权具有壁垒效应。第(2)栏增加了主要控制变量之后，我们发现，上述结论的性质并未发生改变，而且交互项的显著性还有所提高，这进一步强化了结论，为本章的第一个研究假设提供了经验证据支持。

表9-4中的第(3)栏结果显示，两权分离度与经营业绩的交互项(DIV * ROA)的估计系数为负，并且在边际上显著(双尾概率P值0.12)；第(4)栏的结果显示，再加入控制变量之后，交互项的估计系数依然为负，并且在5%的水平下显著。这一结果说明，两权分离度降低了高管薪酬-业绩敏感性，进一步证实了两权分离度带来的壁垒效应，本章的第二个研究假设得到了经验证据的支持。

在控制变量方面，公司规模(SIZE)的估计系数为正，并且始终在1%的水平下显著，说明大公司支付的高管薪酬更多；负债程度(LEV)的估计系数为负，并且始终在1%的水平下显著，说明高负债企业支付的高管薪酬相对较少；第一大股东持股比例(TOP1)的估计系数为负，并且始终在1%的水平下显著，说明股权集中的公司支付的高管薪酬更少；最终控制人性质(SOE)的估计系数为正，说明国有企业支付的高管薪酬更高，但是这种差距并不具有统计意义上的显著性。

9.4.2 子样本回归结果

接下来我们根据最终控制人性质将样本划分为国有和非国有两类，考察终极产权对薪酬-绩效敏感性的影响是否存在着所有制差异，回归结果见表9-5。在表9-5中,第(1)~(2)栏是关于现金流权和控制权的估计结果,分别是利用国有样本和非国有样本;第(3)~(4)栏是关于两权分离度的估计结果,对应的样本分别是国有上市公司和非国有上市公司。

表9-5 终极产权与薪酬-业绩敏感性:子样本回归结果

	(1)	(2)	(3)	(4)
	LNPAY SOE=1	LNPAY SOE=0	LNPAY SOE=1	LNPAY SOE=0
ROA	2.245***	1.341***	2.672***	1.710***
	(5.333)	(3.215)	(11.128)	(6.326)
CF	−0.009***	0.001		
	(−5.972)	(0.627)		
VR	0.006***	0.000		
	(3.654)	(0.188)		
CF * ROA	0.052***	0.017		
	(2.646)	(0.634)		
VR * ROA	−0.038*	0.005		
	(−1.800)	(0.219)		
DIV			0.920***	−0.227
			(6.140)	(−1.181)
DIV * ROA			−4.819**	1.240
			(−2.401)	(0.520)
SIZE	0.287***	0.322***	0.287***	0.323***
	(28.963)	(23.420)	(28.928)	(23.568)
LEV	−0.272***	−0.213***	−0.273***	−0.244***
	(−4.272)	(−3.169)	(−4.268)	(−3.678)
TOP1	−0.005***	−0.004***	−0.006***	−0.002**
	(−4.406)	(−3.259)	(−9.381)	(−2.088)
Industry	Y	Y	Y	Y
Year	Y	Y	Y	Y

续　表

	(1)	(2)	(3)	(4)
	LNPAY SOE＝1	LNPAY SOE＝0	LNPAY SOE＝1	LNPAY SOE＝0
常数项	7.224***	7.166***	7.093***	7.177***
	(19.294)	(23.657)	(19.038)	(23.434)
N	3 722	2 899	3 722	2 899
R2	0.417	0.330	0.417	0.328

注：双尾概率 P 值为基于异方差稳健标准误的结果。* 表示在 10% 的显著性水平下显著，** 表示在 5% 的显著性水平下显著，*** 表示在 1% 的显著性水平下显著。

第(1)栏的估计结果显示，对于国有企业而言，现金流权与经营业绩的交互项(CF＊ROA)的估计系数为正，并且在 5% 的水平下显著，说明现金流权增加了高管薪酬-业绩敏感性，这进一步验证了现金流权的协同效应；与全样本估计结果不同，控制权与经营业绩的交互项(VR＊ROA)的估计系数为负，并且具有统计意义上的显著性，这意味着控制权降低高管薪酬-业绩敏感性主要体现在国有企业，进一步说明控制权具有壁垒效应。第(2)栏的结果显示，对于非国有企业而言，两个交互项的估计系数均不具有统计意义上的显著性。总结起来，这一结果说明，现金流权的协同效应和控制权的壁垒效应主要体现在国有企业之中，两者对薪酬-业绩敏感性的影响在非国有样本中并不显著。

第(3)栏的估计结果显示，对于国有企业而言，两权分离度与经营业绩的交互项(DIV＊ROA)的估计系数为负，并且在 5% 的水平下显著，这说明两权分离度的增加降低了国有企业高管薪酬-业绩敏感性；第(4)栏的估计结果显示，对于非国有企业而言，两权分离度与经营业绩的交互项的估计系数不具有统计意义上的显著性。总结起来，上述结果说明，两权分离度对高管薪酬-业绩敏感性的影响主要体现在国有企业之中，两权分离度降低了国有企业高管薪酬-业绩敏感性，但是上述效应在非国有企业样本中并不存在。

综合起来，表 9-5 的估计结果显示，无论是用现金流权和控制权，还是用两权分离度来衡量，终极产权对高管薪酬-业绩敏感性的影响存在着显著地所有制差异,这种影响主要体现在国有企业当中,非国有企业并不存在着显著地的影响。上述发现为本章的第二个研究假设提供了经验证据支持。

9.4.3 稳健性检验

与本书其他章节相同,我们同样考虑本章的结论是否受到不同控制权分界水平的影响,当控制权分界水平由 10% 上升到 20% 时本书的结论是否依然成立?为此,我们选择 20% 的分界水平对样本进行重新分析,回归结果如表 9-6 所示。其中,第(1)、(4)栏是基于全样本的估计结果;第(2)、(3)、(5)、(6)栏是基于子样本的估计结果。整体上看,与 10% 的分界水平比较,所有权、控制权及分离程度等关键变量的估计系数和显著性程度均未发生明显变化。

表 9-6 终极产权与薪酬-业绩敏感性:稳健性检验

	(1)	(2)	(3)	(4)	(5)	(6)
	LNPAY Full	LNPAY SOE=1	LNPAY SOE=0	LNPAY Full	LNPAY SOE=1	LNPAY SOE=0
ROA	1.797***	2.432***	1.374**	2.697***	2.950***	1.920***
	(3.935)	(3.717)	(2.109)	(12.876)	(11.217)	(5.894)
CF	−0.006***	−0.009***	0.000			
	(−5.273)	(−6.121)	(0.065)			
VR	0.007***	0.009***	0.003			
	(4.241)	(3.813)	(0.992)			
CF * ROA	0.053***	0.060***	0.019			
	(3.328)	(2.874)	(0.717)			
VR * ROA	−0.027	−0.047*	0.003			
	(−1.413)	(−1.772)	(0.104)			
DIV				0.665***	1.015***	−0.104
				(5.520)	(6.567)	(−0.527)

续　表

	（1）	（2）	（3）	（4）	（5）	（6）
	LNPAY Full	LNPAY SOE=1	LNPAY SOE=0	LNPAY Full	LNPAY SOE=1	LNPAY SOE=0
DIV * ROA				−4.862***	−6.106***	0.268
				（−2.954）	（−2.908）	（0.107）
SIZE	0.274***	0.263***	0.303***	0.276***	0.265***	0.305***
	（30.979）	（24.445）	（19.450）	（31.116）	（24.569）	（19.763）
LEV	−0.247***	−0.238***	−0.238***	−0.265***	−0.239***	−0.268***
	（−4.962）	（−3.532）	（−3.248）	（−5.317）	（−3.573）	（−3.663）
TOP1	−0.005***	−0.005***	−0.004**	−0.003***	−0.004***	−0.001
	（−4.297）	（−2.739）	（−2.566）	（−4.427）	（−5.043）	（−0.774）
Industry	Y	Y	Y	Y	Y	Y
Year	Y	Y	Y	Y	Y	Y
常数项	7.274***	7.477***	7.531***	7.232***	7.422***	7.538***
	（20.860）	（20.216）	（22.934）	（20.524）	（19.940）	（22.845）
N	5 520	3 149	2 371	5 520	3 149	2 371
R2	0.357	0.405	0.322	0.356	0.406	0.320

注：双尾概率 P 值为基于异方差稳健标准误的结果。* 表示在 10% 的显著性水平下显著，** 表示在 5% 的显著性水平下显著，*** 表示在 1% 的显著性水平下显著。

9.5　本 章 小 结

　　作为制定计划、实施战略和产生绩效的核心人物，高管在企业生存和发展中具有至关重要的地位，能否有效地激励高管努力工作就成为现代薪酬理论的核心问题。那么，作为公司治理结构的重要内容，终极产权是否会影响到高管薪酬契约的制定呢？基于最优薪酬契约理论的分析框架，我们进一步纳入终极产权因素，从理论上推导了终极产权对高管薪酬-业绩敏感性的影响。在此基础上，我们利用中国上市公司 2008 年至 2011 年的相关数据,对上述问题进行了实证检验。

研究结果发现,最终控制人的现金流权越大,高管薪酬-业绩敏感性越强;最终控制人的控制权越大,高管薪酬-业绩敏感性越弱;最终控制人控制权和所有权的分离程度越大,高管薪酬-业绩敏感性越弱;终极产权对高管薪酬-业绩敏感性的影响主要体现在国有上市公司中。高管薪酬-业绩敏感性的强弱被视为高管薪酬契约合理性的重要标志,上述发现意味着终极产权确实会影响到高管薪酬契约。本章的分析从高管薪酬契约的视角对最终控制人利益侵占行为进行了进一步的分析,为终极产权的治理效率提供进一步的证据。

第10章　主要结论及政策含义

10.1　主　要　结　论

本书的理论分析发现,在其他条件相同的情况下,最终控制人控制权越高、现金流权越低、两权分离程度越高,利益侵占的现象就越严重;与非国有控制上市公司相比,国有控制上市公司的利益侵占现象更为严重。经验检验的结果基本支持了理论分析的结论,具体总结见表 10-1。

表 10-1　经验检验结果汇总

	预测方向	经验分析结果	结　论
Panel A 关联交易			
现金流权	−	显著负相关	支　持
控制权	+	显著正相关	支　持
分离程度	+	显著正相关	支　持
最终控制人类型	+	正向但不显著	部分支持
Panel B 信息披露			
现金流权	+	显著正相关	支　持
控制权	−	显著负相关	支　持
分离程度	−	显著负相关	支　持
最终控制人类型	−	负向但不显著	部分支持
Panel C 高管薪酬-业绩敏感性			
现金流权	+	显著正相关	支　持
控制权	−	显著负相关	部分支持
分离程度	−	显著负相关	支　持
最终控制人类型	−	负向	支　持

概括起来,本书的主要研究结论有如下几个方面:

(1) 大多数中国上市公司都是由各级政府持有(65.77%)或者由家族控制(30.78%),公众持有、共同控制和交叉持股等所占比例比较低;与东亚其他国家和地区相比,中国上市公司具有更高的现金流权和控制权以及分离程度;最终控制人类型、公司营运时间、所属行业以及公司规模等变量影响了控制权的集中。

(2) 选择关联交易规模作为利益侵占程度的衡量指标,使用中国资本市场的相关数据对本书提出的理论假设进行了经验检验。研究结果发现,最终控制人的所有权越大,利益侵占的水平就越低,所有权具有"激励效应",弱化了最终控制人进行利益侵占的动机;最终控制人的控制权越大,利益侵占的水平就越高,控制权具有"壁垒效应",使得最终控制人可以更容易地通过关联交易等手段来侵占上市公司和中小股东的利益;最终控制人控制权和所有权的分离程度越大,利益侵占水平就越高,此时最终控制人侵占中小股东利益的意愿较少受到其所有权的限制;最终控制人为国有的上市公司利益侵占水平要高于非国有上市公司,但是这一区别并不显著。

(3) 采用案例研究的方法,对最终控制人的利益侵占行为予以揭示,提供有关最终控制人利益侵占行为更为生动和直观的证据。国有控制上市公司的承德钒钛和作为非国有上市公司的湖北金环构成了两个完整的样本。研究发现,最终控制人在控制上市公司之后,为了获得更多的私有收益,通过在关联购销中制定不公平价格、高价向上市公司出售资产和股权、占用上市公司资金等途径实施了转移上市公司资源的利益侵占行为。最终控制人的利益侵占行为给上市公司的经营业绩、信息披露等方面均带来了不利的影响。

(4) 从信息披露的视角为本书的研究主题提供了进一步的经验证据。考虑到直接衡量信息披露质量的困难,我们采用独特的视角,以证券分析师关注度作为信息披露质量的代理变量,使用中国资本市场的相关数据实证检验了终极产权对信息披露质量的影响。研究发现,最终控制人的现金流权越大,证券分析师对该公司的关注度越高;最终控制人的控制权越大,证券分析师对该公司的关注度越低;最终控制人控制权和现金流权的分离程度越大,证券分析师对该公司的关注度越低;与非国有上市公司相比,证券分析师对国有上市公司的关注度更低。上述结果表明,当最终控制人通过关联交易等方式来转移上市公司资源时,必然会设法掩盖其利益侵占行为,因而其信息披露质量将出现下降。

(5) 基于最优薪酬契约理论的分析框架,我们进一步纳入终极产权因素,从理论上推导了终极产权对高管薪酬-业绩敏感性的影响。实证研究结果发现,最终控制人的现金流权越大,高管薪酬-业绩敏感性越强;最终控制人的控制权越大,高管薪酬-业绩敏感性越弱;最终控制人控制权和所有权的分离程度越大,高管薪酬-业绩敏感性越弱;终极产权对高管薪酬-业绩敏感性的影响主要体现在国有上市公司中。高管薪酬-业绩敏感性的强弱被视为高管薪酬契约合理性的重要标志,上述发现意味着终极产权确实会影响到高管薪酬契约。

10.2　相关政策建议

广大投资者的积极参与是证券市场赖以发展的根本,只有不断加大对控制人侵占上市公司利益行为的处罚力度,切实维护证券市场投资者的合法权益,才能增加投资者对证券市场的信心和对上市公司的信任,保证证券市场的可持续发展。根据本书的主要研究结论,我们认为,为了更有效地约束我国上市公司控制人的利益侵占行为,维护广大中小投资者的权益,促进资本市场的健康发展,需要尽快完善和着力加强以下几个方面:

第一,完善股东诉讼制度,强化利益侵占的民事责任。投资者正当权益必须通过适当的法律救济机制才能实现,而股东诉讼制度是对中小股东进行法律保护的最主要的事后救济手段。各国法律中广泛采取的股东诉讼制度主要有两种:集团诉讼和代位诉讼。集团诉讼制度允许利益遭受侵害的投资者形成一个集团,按照一定的规则,由若干代表人代表整个集团主张权利,参加诉讼程序,实施结果基于所有集团成员的制度。从发达国家的实践来看,集团诉讼一般由专业的律师实行风险代理,律师牵头召集并负责整个诉讼过程,甚至代垫案件受理费。如果胜诉,律师将从赔偿金额中获得一定的比例作为代理费用;如果败诉,则可能会因代理协议中的免交代理费条款而免除所有费用。① 代位诉讼制度是指当公司的正当权益受到他人侵害,特别是控制性股东、董事和管理人员违反法律、法规或公司章程给股东造成损害,而公司因故没有对其追究责任时,股东可以依照法定程序代表公司对侵害人提起诉讼、要求民事赔偿的制度。在股东代位诉讼制度下,控制性股东勾结公司董事与管理人员实施非公平关联交易损害小股东利益时,小股东就可以依法代公司起诉,以维护公司以及小股东的权益。我国法律对投资者的保护缺乏相应的具体诉讼条款予以支持,导致流于形式,起不到应有的作用。因此,我们建议借鉴发达国家证券市场的成功经验,引入如集团诉讼②、代位诉讼等投资者可以沿用的民事行为规则;同时建议立法机关修改有关法律,强化控制性股东和管理层对公众投资者的法律义务,如果他们违反了,不光是要承担行政和刑事责任,还要承担民事责任。

第二,加强对关联交易的监管,维护关联交易公平性。鉴于关联交易是最终控制人用来实施利益侵占的最为常见的方式,有关部门应着重加强对上市公司关联交易的监管。一是要尽快制定关联交易的公平性定价原则,维护关联交易的公平性。国际会计准则对于关联交易项目的定价原则做出了详细的规定,可以为有关部门提供经验借鉴。二是强化独立董事对关联交易的事前审查义务。对关联交易进行事前审查,是独立董事的一项

---

① 以美国为例,集团诉讼使得美国证券市场上活跃着一大批专门代理投资者进行诉讼的律师,这些"原告律师"每天关注上市公司的信息披露情况和股票的市场表现。一旦发现上市公司信息披露文件存在疑点或股价出现异常波动,就会以专业方式展开调查,如果发现上市公司或其他机构、个人有违法的情况,就组织集团诉讼。安然事件发生后,有十几家律师事务所发表声明,邀请所有在特定时段内购入过安然股票的个人和实体与他们联系,进行集团诉讼。律师等专业人士的积极参与,使得处于弱势地位的中小投资者利益保障更加有力,也使得民事赔偿机制发挥出很强的威慑作用,成为对美国证券违法行为进行监督的强大力量。这些对上市公司发起集体诉讼的律师被形象地成为"股市秃鹫"(黄清燕和何勇,2007)。

② 目前最高人民法院在诉讼方式的安排上主要考虑团体诉讼制度,而没有采用集团诉讼制度,部分原因在于最高人民法院担心放手受理证券欺诈损害赔偿案件,会导致"诉讼爆炸"(金泽刚,2004)。

重要义务。必须通过完善事后责任追究机制,让独立董事真正勤勉尽责地履行关联交易事前审查义务,发表客观公正的独立意见。三是强化中介机构在关联交易中尽职调查的义务和事后责任的追究。实践表明,不公平的关联交易总是披着貌似公平的外衣。因此,应通过法律法规明确中介机构出具虚假报告或者"教唆"行为的法律后果,并以此为依据,强化中介机构在关联交易中尽职调查的义务和事后责任的追究。四是完善关联交易披露,加大对虚假披露、延迟披露等行为的处罚力度。在多数情况下,如果上市公司对某项关联交易不披露,或者在披露时遮遮掩掩,则很有可能是违规的、有问题的。因此,我们可以将关联交易信息披露是否完整、准确、及时,作为判断关联交易是否合规的试金石。

第三,强化信息披露检查,提高信息披露水平。我们的研究表明,最终控制人的利益侵占行为与信息披露水平之间存在着密切的关系。"阳光是最好的防腐剂",充分的信息披露使得上市公司控制人的行为透明化,从而受到广大投资者和监管机构的有力监督。我国目前制定的信息披露制度已经不少,但是执行力度还有待提高。一些上市公司的信息披露特别是对于关联交易方面的披露过于简单,有的甚至对非公平关联交易长期隐瞒不报,将小股东最基本的知情权剥夺了。上市公司控制人隐瞒不报关联交易的具体内容,实质是用以掩盖其通过非公平关联交易从上市公司转移利益的行为(段亚林,2001)。因此,证券监管部门应大力加强信息披露的监督力度与从严执法,逐渐从以往形式审核为主的披露方式转变为实质性审核的披露方式,把监管重点放在提高上市公司信息披露真实性上来,加强实质性审核的力度。具体来说,一是要对上市公司控制结构与关联方关系等信息做出详尽披露,包括关联方的性质、主营业务、持股比例、企业权益及其变动等;二是对关联交易事项做出公开、及时的披露,包括关联交易的规模、关联交易的定价要素、审批程序是否合法等;三是在加强监管、检查的同时应当鼓励中介机构和公众媒体对上市公司非公平关联交易行为实施社会监督。

第四,进一步完善上市公司治理结构,优化企业内部对利益侵占的监督机制。上市公司控制人利益侵占行为的发生首先要通过公司层面决策机制的许可,上市公司治理结构的完善有助于加强对上市公司控制人的制约,从而提供一道保护外部中小投资者利益的屏障。具体来说,应着重从如下几个方面来完善上市公司治理结构:一是要优化公司股权结构,适当降低最终控制人的控制权,减少控制权和所有权的分离程度,与此同时鼓励机构投资者积极参与公司治理,增强股东之间的制衡力度①;二是要增强董事会的独立性,提高独立董事监督的有效性,关键是优化独立董事的提名机制,确保独立董事是真正独立于上市公司的控制人;三是完善投票表决制度,鼓励中小投资者参与治理,包括累积投票制度、表决权代理行使制度等。

10.3 未来研究方向

(1) 本书主要讨论了终极产权与利益侵占之间的关系。在第七章的案例分析中曾经提到,最终控制人经常通过控制公司董事会来实现对上市公司经营决策的控制。未来的研究可以采用中国上市公司的大样本数据来考察最终控制人对董事会构成等公司治理方面的影响,进一步发现最终控制人是如何通过控制公司来实施其利益侵占行为的。

(2) 公司治理机制能否抑制最终控制人的利益侵占行为也是一个具有重要理论价值和现实意义的主题。未来的研究可以进一步讨论各种公司治理机制对利益侵占行为的影响,例如外部大股东和机构投资者能否抑制最终控制人的利益侵占行为? 投资者法律保护机制能否加强对最终控制人的约束? 等等。

(3) 在研究过程中还发现多家上市公司属于同一个最终控制人的情况,即所谓的"系族"现象。例如第7章提到的刘军控制的"泰跃系"旗下就

---

① 部分对股权制衡的经验研究对股权制衡的有效性提出了质疑,如 Faccio et al. (2001) 的研究表明,股权制衡在欧洲具有很好的效果,但在亚洲的上市公司中却没有产生预期的效果,徐莉萍等(2006)发现股权制衡对公司的经营绩效有负面影响。我们认为,其原因可能在于目前中国上市公司除控制人外的其他股东持股比例过低,缺乏提供有效监督的激励。

包括湖北金环、景谷林业、三峡水利、茂化实华等多家上市公司。那么,这种"系族"上市公司与非"系族"上市公司是否存在系统性差别? 例如,两者在公司治理结构上是否有所不同? 最终控制人对"系族"上市公司的掏空行为是否比非"系族"上市公司更为严重? 沿着这一方向,我们近年来已经发现了"系族"上市公司与非"系族"上市公司在公司治理、财务行为等方面的一些初步证据。

参 考 文 献

外文文献

[1] L. Ackert, George Athanassakos. A Simultaneous Equations Analysis of Analysts' Forecast Bias, Analyst Following, and Institutional Ownership[J]. *Journal of Business Finance & Accounting*, 2003, 30(7).

[2] A. Alchian. Some Economics of Property Rights[J]. *Politico*, 1965(30).

[3] Ashiq Ali, Tai-Yuan Chen, Suresh Radhakrishnan. Corporate Disclosures by Family Firms[J]. *Journal of Accounting and Economics*, 2007(44).

[4] Najah Attig, Gadhoum Yoser. The Governance of Canadian Traded Firms — An Analysis of the Ultimate Ownership Structure[R]. *mimeo*. University of Quebec, 2003.

[5] S. J. Baek, K. J. Kang, S. K. Park. Corporate Governance and Firm Value: Evidence from the Korea Financial Crisis[J]. *Journal of Financial Economics*, 2004, 71(2).

[6] Chong-En Bai, Qiao Liu, Frank Song. The Value of Private Benefits: Evidence from an Emerging Market for Corporate Control[R]. University of Hong Kong Working Paper, 2003.

[7] Michael Barclay, Clifford Holderness. Private Benefits from Control of Public Corporations[J]. *Journal of Financial Economics*,

1989, 25(2).

[8] Lucian Bebchuk, Reinier Kraakman, George Triantis. Stock Pyramids, Cross-Ownership and Dual-Class Equity: The Mechanisms and Agency Costs of Separating Control From Cash-Flow Rights[R]. NBER Working Paper No. 6951, 1999.

[9] Marco Becht, Ekkehart Boehmer. Voting Control in German Corporations[J]. *International Review of Law and Economics*, 2003, 23(1).

[10] Berglof, Pajuste. Emerging Owners, Eclipsing Markets? Corporate Governance in Central and Eastern Europe. in Cornelius and Kogut(eds). *Corporate Governance and Capital Flow in a Global Economy*[M]. Oxford: Oxford University Press, 2003.

[11] Berle, Means. *The Modern Corporation & Private Property* [M]. New York: Macmillan, 1923.

[12] Marianne Bertrand, Paras Mehta, Sendhil Mullainathan. Ferreting Out Tunneling: An Application to Indian Business Groups[J]. *Quarterly Journal of Economics*, 2002, 117(1).

[13] U Bhattacharya, H Daouk, M Welker. The World Price of Earnings Opacity[J]. *The Accounting Review*, 2003(78).

[14] Bhushan Ravi. Firm Characteristics and Analyst Following[J]. *Journal of Accounting and Economics*, 1989(11).

[15] Marco Bianchi, Magda Bianco, Luca Enriques. The Separation Between Ownership and Control in Italy[R]. *mimeo*. Bank of Italy, 2001.

[16] B. Black, Gilson. Does Venture Capital Require an Active Stock Market[J]. *Journal of Financial Economic*, 1998(4).

[17] Mike Burkart, Denis Gromb, Fausto Panunzi. Large Shareholders, Monitoring, and the Value of the Firm[J]. *The Quarterly Journal of Economics*, 1997, 112(3).

[18] Mike Burkart, Gromb Denis, Fausto Panunzi. Why Higher Takeover Premia Protect Minority Shareholders[J]. *Journal of Political Economy*, 1998(106).

[19] J. Chang, T. Khanna, K. Palepu. Analyst Activity Around the World[R]. Working Paper, Harverd University, 2002.

[20] Chernykh Lyudmila. Ultimate Ownership and Corporate Performance in Russia[D]. Drexel University, 2005.

[21] Cho, Kreps. Signaling Games and Stable Equilibria[J]. *Quarterly journal of Economics*, 1987(102).

[22] Stijn Claessens, Simeon Djankov. Ownership Concentration and Corporate Performance in the Czech Republic[J]. *Journal of Comparative Economics*, 1999, 27(3).

[23] Stijn Claessens, Simeon Djankov, Larry H. P. Lang. The Separation of Ownership and Control in East Asian Corporations [J]. *Journal of Financial Economics*, 2000(58).

[24] Stijn Claessens, Simeon Djankov, Joseph Fan, Larry H. P. Lang. Disentangling the Incentive and Entrenchment Effects of Large Shareholdings[J]. *Journal of Finance*, 2002, 57(6).

[25] Harry DeAngelo, Linda DeAngelo. Managerial Ownership of Voting Rights: A Study of Public Corporations with Dual Classes of Common Stock[J]. *Journal of Financial Economics*, 1985, 14(1).

[26] Diane Denis, John McConnell. Corporate Ownership Around the World[J]. *Journal of Financial and Quantitative Analysis*, 2003, 38(1).

[27] Craig Doidge. U. S. Cross-Listings and the Private Benefits of Control: Evidence from Dual-Class Firms[J]. *Journal of Financial Economics*, 2004, 72(3).

[28] Alexander Dyck, Luigi Zingales. Private Benefits of Control: an

International Comparison[R]. NBER Working Paper, 8711, 2002.

[29] Jeremy Edwards, Alfons Weichenrieder. Ownership Concentration and Share Valuation[J]. *German Economic Review*, 2004, 5(2).

[30] European Corporate Governance Network. The Separation of Ownership and Control: a Survey of 7 European Countries[R]. Report Prepared for European Commission, 1997.

[31] Mara Faccio, Larry H. P. Lang. The Ultimate Ownership of Western European Corporations[J]. *Journal of Financial Economics*, 2001, 65(3).

[32] Mara Faccio, Larry Lang, Leslie Young. Dividends and Expropriation [J]. *American Economic Review*, 2001, 91(1).

[33] Eugene Fama, Michael Jensen. Separation of Ownership and Control[J]. *Journal of Law and Economics*, 1983, 26(2).

[34] J Francis, R. LaFond, P. M. Olsson, K. Schipper. Cost of Equity and Earnings Attributes[J]. *The Accounting Review*, 2004(79).

[35] Julian Franks, Colin Mayer. Ownership and Control of German Corporations[J]. *Review of Financial Studies*, 2001(14).

[36] Irena Grosfeld, Iraj Hashi. Mass Privatisation, Corporate Governance and Endogenous Ownership Structure[R]. William Davidson Institute Working Paper No. 596, 2003.

[37] Sanford Grossman, Olive Hart. The Costs and Benefits of Ownership: A Theory of Vertical and Lateral Integration[J]. *The Journal of Political Economy*, 1986, 94(4).

[38] Sanford Grossman, Olive Hart. One Share-One Vote and the Market for Corporate Control[J]. *Journal of Financial Economics*, 1988(20).

[39] Klaus Gugler. Corporate Ownership Structure in Austria[J]. *Empirica*, 1998, 25(3).

[40] P. Healy, A. Hutton, K. Palepu. Stock Performance and

Intermediation Changes Surrounding Sustained Increases in Disclosure[J]. *Contemporary Accounting Research*, 1999(16).

[41] C. Holderness, R. Kroszner, D. Sheehan. Were the Good Old Days That Good? Changes in Managerial Stock Ownership since the Great Depression[J]. *Journal of Finance*, 1999(5).

[42] Hope Ole-Kristian. Analyst Following and the Influence of Disclosure Components, IPOs and Ownership Concentration[R]. Working Paper, University of Toronto, 2003.

[43] Michael C Jensen, William H. Meckling. Theory of the Firm: Managerial Behavior, Agency Cost, and Ownership Structure[J]. *Journal of Financial Economics*, 1976(3).

[44] Michael C. Jensen. Agency Costs of Free Cash Flow, Corporate Finance, and Takeovers[J]. *American Economic Review*, 1986, 76(2).

[45] M. Jensen, Murphy K. J.. Performance Pay and Top Management Incentives[J]. *Journal of Political Economy*, 1990, 98(2).

[46] Joh W. S.. Corporate Governance and Firm Profitability: Evidence from Korea Before the Economic Crisis[J]. *Journal of Financial Economics*, 2003(68).

[47] Asjeet Lamba, Geof Stapledon. The Determinants of Corporate Ownership Structure: Australian Evidence[R]. Financial Management Association International Conference. Denver, 2003.

[48] Mark Lang, R. Lundholm. Corporate Disclosure Policy and Analyst Behavior[J]. *The Accounting Review*, 1996(71).

[49] Mark Lang, Karl V. Lins, Darius P. Miller. ADRs, Analysts, and Accuracy: Does Cross Listing in the United States Improve a Firm's Information Environment and Increase Market Value? [J]. *Journal of Accounting Research*, 2003(41).

[50] Mark Lang, Karl V. Lins, Darius P. Miller. Concentrated

Control, Analyst Following, and Valuation: Do Analysts Matter Most When Investors are Protected Least? [J]. *Journal of Accounting Research*, 2004, 42(3).

[51] La Porta, Lopez-de-Silanes, Shleifer, Vishny. Law and Finance [J]. *The Journal of Political Economy*, 1998, 106(6).

[52] La Porta, Lopez-de-Silanes, Shleifer. Corporate Ownership Around the World[J]. *The Journal of Finance*, 1999, 54(2).

[53] La Porta, Lopez-de-Silanes, Shleifer, Vishny. Investor Protection and Corporate Valuation [J]. *The Journal of Finance*, 2002, 57(3).

[54] Michael Lemmon, Karl Lins. Ownership Structure, Corporate Governance, and Firm Value: Evidence from the East Asian Financial Crisis[J]. *The Journal of Finance*, 2003, 58(4).

[55] Leuz C. D. Nanda, P. D. Wysocki. Earnings Management and Investor Protection: An International Comparison[J]. *Journal of Financial Economics*, 2003, 69(3).

[56] Lin J. , F. Cai, Z. Li. Competition, Policy Burdens and State Owned Enterprise Reform[J]. *American Economic Review*, 1998, 88(2).

[57] Karl Lins, Henri Servaes. Is Corporate Diversification Beneficial in Emerging Markets? [J]. *Financial Management*, 2002, 31(2).

[58] Karl Lins. Equity Ownership and Firm Value in Emerging Markets [J]. *The Journal of Financial and Quantitative Analysis*, 2003(38).

[59] Giovanni Melis, Andrea Melis. Financial Reporting, Corporate Governance and Parmalat: Was it a Financial Reporting Failure. *Governing the Corporation* (Justin, Brien, ed.)[M]. New Jersey: John Wiley Sons, 2005.

[60] Randall Morck, Andrei Shleifer, Robert W. Vishny. Management Ownership and Market Valuation: An Empirical Analysis[J].

Journal of Financial Economics, 1988(20).

[61] Randall Morck, Daniel Wolfenzon, Bernard Yeung. Corporate Governance, Economic Entrenchment and Growth[R]. NBER Working Paper 10692, 2004.

[62] Charles Moyer, Robert E. Chatfield, Phillip M. Sisneros. Security Analyst Monitoring Activity: Agency Costs and Information Demands[J]. *The Journal of Financial and Quantitative Analysis*, 1989, 24(4).

[63] Stewart C. Myers, Nicholas S. Majluf. Corporate Financing and Investment Decisions When Firms Have Information That Investors Do Not Have[J]. *Journal of Financial Economies*, 1984(13).

[64] Tatiana Nenova. The Value of Corporate Voting Rights and Control: A Cross-Country Analysis[J]. *Journal of Financial Economics*, 2003, 68(3).

[65] Nicholas, M. Boycko, A. Shleifer, N. Tsukanova. How Does Privatization Work? Evidence From the Russian Shops [J]. *Journal of Political Economy*, 1996, 104(4).

[66] Simon Johnson, Rafael La Porta, Florencio Lopez-de-Silanes, Andrei Shleifer. Tunneling [J]. *American Economic Review*, 2000, 90(2).

[67] Pistor K, Raiser M, Gelfer S. Law and Finance in Transition Economies[R]. EBRD Working Paper No. 49, 1999.

[68] Ramnath S, Steve Rock, P. Shane. A Review of Research Related to Financial Analysts' Forecasts and Stock Recommendations[R]. Unpublished Working Paper, Georgetown University, 2006.

[69] Luc Renneboog. Ownership, Managerial Control and the Governance of Companies Listed on the Brussels Stock Exchange [J]. *Journal of Banking and Finance*, 2000, 24(12).

[70] Steve Rock, Stanley Sedo, Michael Willenborg. Analyst Following and Count-Data Econometrics [J]. *Journal of Accounting and Economics*, 2001(30).

[71] P. Sengupta. Corporate Disclosure Quality and the Cost of Debt [J]. *The Accounting Review*, 1998(73).

[72] Andrei Shleifer, Robert W. Vishny. Large Shareholders and Corporate Control[J]. *Journal of Political Economy*, 1986, 94(3).

[73] Andrei Shleifer, Robert W. Vishny. A Survey of Corporate Governance[J]. *The Journal of Finance*, 1997, 52(2).

[74] Stickel S. The Anatomy of the Performance of Buy and Sell Recommendations[J]. *Financial Analyst Journal*, 1995(51).

[75] Rene Stulz. Managerial Discretion and Optimal Financing Policies [J]. *Journal of Financial Economics*, 1990(26).

[76] Qian Sun, Wilson H. S. Tong. China Share Issue Privatization: the Extent of Its Success[J]. *Journal of Financial Economics*, 2003(70).

[77] Paolo Volpin. Governance with Poor Investor Protection: Evidence from Top Executive Turnover in Italy[J]. *Journal of Financial Economics*, 2002, 64(1).

[78] Jeffrey M. Wooldrige. *Econometric Analysis of Cross-Section and Panel Data*[M]. Cambridge: MIT Press, 2002.

[79] Kent Wormack. Do Brokerage Analysts' Recommendations Have Investment Values? [J]. *Journal of Finance*, 1996(51).

[80] Xu Li-ping. Types of Large Shareholders, Corporate Governance and Firm Performance: Evidence from China's Listed Companies [D]. the Hong Kong Polytechnic University, 2004.

[81] Xiao-nian Xu, Yan Wang. Ownership Structure and Corporate Governance in China's Stock Companies [J]. *China Economic Review*, 1999(10).

[82] Yan-Leung Cheung, Raghavendra Rau, Aris Stouraitis. Tunneling, Propping, and Expropriation: Evidence from Connected Party Transactions in Hong Kong[J]. *Journal of Financial Economics*, 2006, 82(2).

[83] Yan-Leung Cheung, Lihua Jing, Raghavendra Rau, Aris Stouraitis. How Does the Grabbing Hand Grab? Tunneling Assets from China's Listed Companies to the State[R]. Working Paper, 2006.

[84] Zeckhauser R, John Pound. Are Large Shareholders Effective Monitors? An Investigation of Share Ownership and Corporate Performance. In: Hubbard, G. R. (ed.). *Asymmetric Information, Corporate Finance and Investment* [M]. Chicago: University of Chicago Press, 1990.

[85] Luigi Zingales. What Determines the Value of Corporate Votes? [J] *Quarterly Journal of Economics*, 1995, 110(4).

中文文献

[1] 白重恩,刘俏,陆洲,宋敏,张俊喜.中国上市公司治理结构的实证研究[J].经济研究,2005(2).

[2] 财政部.企业会计准则——关联方关系及其交易的披露[R].财会字[1997]21号,1997.

[3] CCER发展战略研究组.中国国有企业改革的回顾与展望[R].工作论文(NO.C2000006),2004.

[4] 陈小悦,徐晓东.股权结构、企业绩效与投资者利益保护[J].经济研究,2001(11).

[5] 陈信元,叶鹏飞,陈冬华.机会主义重组与刚性管制[J].经济研究,2003(5).

[6] 陈信元等主编.转型经济中的公司治理——基于中国上市公司的案

例[M].北京：清华大学出版社,2007.

[7] 陈郁.所有权、控制权与激励——代理经济学文选[M].上海：上海
      三联书店、上海人民出版社,1998.

[8] 陈郁.企业制度与市场组织——交易费用经济学文选[M].上海：
      上海三联书店、上海人民出版,1998.

[9] 邓建平,曾勇.大股东控制和控制权私人利益研究[J].中国软科学,
      2004(10).

[10] 邓建平,曾勇,何佳.改制模式、资金占用与公司绩效[J].中国工业
      经济,2007(1).

[11] 杜今贝.承德钒钛的五大谎言与巨额利益输送[J].股市动态分析,
      2008(33).

[12] 段亚林.非公平关联交易下的公司利益转移问题研究[R].深圳证
      券交易所综合研究所研究报告,第 0047 号,2001.

[13] 方军雄.我国上市公司信息披露透明度与证券分析师预测[J].金融
      研究,2007(6).

[14] 费方域.企业的产权分析[M].上海：上海三联书店、上海人民出版
      社,1998.

[15] 高明华.公司治理：理论演进与实证分析——兼论中国公司治理改
      革[M].北京：经济科学出版社,2001.

[16] 高明华.公司治理学[M].北京：中国经济出版社,2009.

[17] 高明华.权力配置与企业效率[M].北京：中国经济出版社,1999.

[18] 高明华等.中国上市公司高管薪酬指数报告(2009)[M].北京：经
      济科学出版社,2010.

[19] 高明华等.中国上市公司高管薪酬指数报告(2011)[M].北京：经
      济科学出版社,2011.

[20] 高明华等.中国上市公司高管薪酬指数报告(2013)[M].北京：经
      济科学出版社,2013.

[21] 高明华,蔡卫星.债务融资、公司绩效与国有银行改革[J].产业经济
      评论,2008(7).

[22] 高明华,蔡卫星,曾诚.股权结构与证券分析师关注度——基于上市公司的实证分析[J].南开大学公司治理研讨会,2008.

[23] 胡奕明,沈光明,岑江华.见解的独到性与预示性——关于我国证券分析师分析能力的实证研究[J].中国会计评论,2005(3).

[24] 胡奕明,金洪飞.证券分析师关注自己的声誉吗? [J].世界经济,2006(2).

[25] 黄本尧.上市公司关联交易监管问题研究[R].深圳证券交易所综合研究所研究报告,第0073号,2003.

[26] 黄少安,张岗.中国上市公司股权融资偏好分析[J].经济研究,2001(11).

[27] 黄速建.国有存续企业改革:问题与建议[J].经济管理,2004(15).

[28] 赖建清.所有权、控制权与公司绩效[M].北京:北京大学出版社,2007.

[29] 李善民,王德友,朱滔.控制权和现金流权的分离与上市公司绩效[J].中山大学学报(社会科学版),2006(6).

[30] 李维安等.公司治理[M].天津:南开大学出版社,2001.

[31] 李维安.现代公司治理研究——资本结构、公司治理和国有企业股份制改造[M].北京:中国人民大学出版社,2003.

[32] 李艳荣.内部资本市场、财务歧视和关联交易——对我国上市公司融投资行为的一个新解释[J].财贸经济,2007(4).

[33] 李增泉,孙铮,王志伟."掏空"与所有权安排——来自我国上市公司大股东资金占用的经验证据[J].会计研究,2004(12).

[34] 李增泉,余谦,王晓坤.掏空、支持与并购重组——来自我国上市公司的经验证据[J].经济研究,2005(1).

[35] 林小驰,欧阳婧,岳衡.谁吸引了海外证券分析师的关注[J].金融研究,2007(1).

[36] 刘峰,贺建刚,魏明海.控制权、业绩与利益输送——基于五粮液的案例研究[J].管理世界,2004(8).

[37] 刘芍佳,孙霈,刘乃全.终极产权论、股权结构及公司绩效[J].经济

研究,2003(4).

[38] 龙超.证券市场监管的经济学分析[M].北京：经济科学出版社,
2003.

[39] 栾天虹.投资者法律保护的理论与实证研究[M].浙江：浙江大学
出版社,2006.

[40] 吕长江,肖成明.民营上市公司所有权安排与掏空行为——基于阳
光集团的案例研究[J].管理世界,2006(10).

[41] 马磊,徐向艺.中国上市公司控制权私有收益实证研究[J].中国工
业经济,2007(5).

[42] 沈艺峰,许年行,杨熠.我国中小投资者法律保护历史实践的实证检
验[J].经济研究,2004(9).

[43] 施华强.国有商业银行账面不良贷款、调整因素和严重程度：
1994—2004[J].金融研究,2005(12).

[44] 苏启林,朱文.上市公司家族控制与企业价值[J].经济研究,
2003(8).

[45] 苏启林.我国上市公司家族控制、治理框架与政策设计[J].管理世
界,2004(4).

[46] 孙绪才主编.利益的分配——中国上市公司利益分配案例[M].北
京：中国人民大学出版社,2006.

[47] 孙永祥,黄祖辉.上市公司的股权结构与绩效[J].经济研究,
1999(12).

[48] 孙永祥.公司治理结构：理论与实证研究[M].上海：上海三联书
店、上海人民出版社,2002.

[49] 唐松,周国良,于旭辉,孙诤.股权结构、资产质量与关联担保——来
自中国 A 股上市公司的经验证据[J].中国会计与财务研究,
2008(10).

[50] 唐宗明,蒋位.中国上市公司大股东侵害度实证分析[J].经济研究,
2002(4).

[51] 田利辉.国有股权对上市公司绩效影响的 U 型曲线和政府股东两

手论[J].经济研究,2005(10).

[52] 佟岩,程小可.关联交易利益流向与中国上市公司盈余质量[J].管理世界,2007(11).

[53] 夏立军,方轶强.政府控制、治理环境与公司价值[J].经济研究,2005(5).

[54] 汪炜,蒋高峰.信息披露、透明度与资本成本[J].经济研究,2004(7).

[55] 徐莉萍,辛宇,陈工孟.控股股东性质与公司经营绩效[J].世界经济,2006(10).

[56] 徐晓东,徐小悦.股权结构、企业绩效与投资者利益保护[J].经济研究,2001(11).

[57] 徐晓东,徐小悦.第一股东对上市公司治理、企业绩效的影响分析[J].经济研究,2003(2).

[58] 于东智.资本结构、债权治理与公司绩效:一项经验分析[J].中国工业经济,2003(1).

[59] 曾颖,陆正飞.信息披露质量与股权融资成本[J].经济研究,2006(2).

[60] 张光荣,曾勇.大股东的支撑行为与隧道行为——基于托普软件的案例研究[J].管理世界,2006(8).

[61] 张华,张俊喜,宋敏.所有权和控制权分离对企业价值的影响——我国民营上市企业的实证研究[J].经济学(季刊),2004(3).

[62] 张剑宇.中国银行业改革的财政成本[M].北京:中国金融出版社,2007.

[63] 张维迎.企业理论与中国企业改革[M].北京:北京大学出版社,1999.

[64] 张祥建,王东静,徐晋.关联交易与控制性股东的"隧道行为"[J].南方经济,2007(5).

[65] 郑国坚,魏明海,孔东民.大股东的内部市场与上市公司价值的 N 型关系——基于效率观点和掏空观点的实证检验[R].中山大学工作论文,2006.

[66] 郑红亮.公司治理理论与中国国有企业改革[J].经济研究,1998(10).

[67] 郑红亮.中国公司治理结构改革研究:一个理论综述[J].管理世界,2000(3).

[68] 朱武祥,宋勇.股权结构与企业价值——对家电行业上市公司实证分析[J].经济研究,2001(12).

[69] 加里·贝克尔.人类行为的经济分析[M].上海:上海三联书店、上海人民出版社,2002.

[70] 《新帕尔格雷夫经济学大辞典》第四卷(中译本)[M].北京:经济科学出版社,1996.

[71] [美]O.哈特.企业、合同与财务结构[M].上海:上海三联书店、上海人民出版社,1998.

[72] [美]R.科斯,A.阿尔钦,D.诺斯等.财产权利与制度变迁[M].上海:上海三联书店、上海人民出版社,1998.

[73] [美]R.科斯,O.哈特,J.斯蒂格利茨等.契约经济学[M].北京:经济科学出版社,2003.

[74] [美]A.伯利,G.米恩斯.现代公司与私有财产[M].北京:商务印书馆,2005.

[75] [美]J.伍德里奇.计量经济学导论——现代观点[M].北京:中国人民大学出版社,2003.

[76] [美]马斯-科莱尔,温斯顿,格林.微观经济学[M].北京:中国社会科学出版社,2001.

后　　记

　　2014年12月5日，我正忙于本书的修改工作，一位在券商工作的朋友发了一条微信："有钱任性"的A股以突破一万亿的成交量创造了中国股市同时也是世界股市单日成交量的新纪录。对于众多中国证券市场的研究者来说，有幸见证A股从艰难起步到逐步规范的成长过程，无疑是时代的恩赐。在中国证券市场二十多年的发展历程中，既有屡创纪录的辉煌，也有挥之不去的沉疴，这些都为研究者提供了极佳的研究机会。研究者既可以通过对辉煌成就的研究来总结成功经验，也可以通过对陈疾旧病的剖析找出问题所在，本书就属于后一类研究。本书选择中国证券市场中长期存在的大股东侵占作为研究对象，从终极产权视角探讨了利益侵占的影响因素。

　　本书是在我的博士论文基础上进一步更新和扩展而来。所谓"更新"，主要包括研究文献和研究数据两个方面：在研究文献方面，主要是增加了与主题有关的国内外最新研究结果；在研究数据方面，主要是将样本研究时间段进一步扩充。所谓"扩展"，主要是指研究框架方面：本书通过对研究逻辑的进一步梳理，在原有基础上增加了高管薪酬契约等方面的研究，从而进一步充实了研究内容。尽管经过了这些修改，受限于当时的认识和能力，本书在切题视角、研究设计乃至行文遣字方面依然不时留下一些略显稚嫩的痕迹。但是，如果要等到我对所有的问题完全满意，这本书可能将永远不会完成修改。因此，我宁愿将这些痕迹保留下来，作为自己成长历程的一份鲜活记录。

　　我想将本书作为礼物献给我的导师高明华教授。高老师将当年的公费博士名额给我的时候，我其实并未意识到这一事件对我的长远影响。现在看来,这无疑是一种机缘巧合,因为当时我在专业方面的理解是肤浅的,在为人处世方面的做法是稚嫩的,在未来发展方面的选择是迷茫的,只是误打误撞进入了高老师门下。此后,在高老师的关心和指导下,这些肤浅、稚嫩和迷茫都逐渐消散。因此,如果能够对这个事件做一个event study的话,一定是非常显著的正向反应。高老师出身名门,师从我国老一辈著名经济学家谷书堂先生,继承和发扬了谷先生的学术和育人思想,始终将教书育人放在首位:在学术培养方面,入学之初多达五页的阅读清单迅速弥补了我在专业知识方面的欠缺;十年来从未中断的双周读书会是学术思想碰撞的理想平台;国家社科基金重大、重点项目等一系列课题始终瞄准学术前沿;英国SPF项目等海外课题更是拓展了研究的国际视角。在日常生活方面,高老师和师母对我是尤为关照,时常提供各种蹭饭的机会,远在异乡亦倍感温暖;高老师还特别针对我在接人待物方面的一些不足耳提面命,受益良多。在职业发展方面,高老师不仅在未来规划方面提供建议,在工作机会方面更是多次动用自己的资源帮助我实现愿望。在高老师从中国银行总行转到北京师范大学执教十周年之际,我也从中国农业银行总行加入北京科技大学执教,既是一种有趣的巧合,更是学生对老师的一种致敬。

本书同样得益于我的诸多合作者。除了传承自高老师的学术思想之外,我的研究也得到了诸多论文合作者的帮助,很多研究设想都源自和这些合作者的密切交流之中。他们是:爱德华·李(Edward Lee,Manchester Business School,University of Manchester)、内斯利汗·厄兹坎(Neslihan Ozkan,School of Economics,Finance and Management,University of Bristol)、徐方明(Fang-ming Xu,School of Economics,Finance and Management,University of Bristol)、刘伟(清华大学)、胡志颖(北京科技大学)、郭锐欣(对外经济贸易大学)、杜雯翠(首都经济贸易大学)、赵峰(北京工商大学)。尤其要感谢的是曾诚(Manchester Business School,University of Manchester),他既是我的同门,也是志同道合的研究者,更为我在英国访问学者期间提供了诸多的支持。

本书还得益于我主持的一系列研究项目。作为一个刚刚进入学术生涯的"青椒",这些课题为我的研究提供了必不可少的经费支持,包括:国家自然科学基金青年项目(71402005)、国家留学基金委青年骨干教师出国研修项目(2013[3050])、北京市社会科学基金项目(15JGC155)、中央高校基本科研业务费项目(FRF-BR-14-009A、FRF-TP-12-118A)等。

尤其感谢北京科技大学东凌经济管理学院王文彬教授、戴淑芬教授、何枫教授、魏钧教授、刘明珠副教授、胡枫教授的大力支持,特别感谢何维达教授和谢湲教授在日常工作和访学期间的关心!

感谢所有给我关心和帮助的人,尽管不能一一道谢!

蔡卫星

2014 年圣诞节　初稿于 Crawford Building,Manchester Business School,

2015 年 7 月修订于北京科技大学东凌经管楼

图书在版编目(CIP)数据

上市公司终极产权与利益侵占/蔡卫星著. —上海：
东方出版中心,2016.1

(公司治理与国企改革研究丛书)

ISBN 978 - 7 - 5473 - 0908 - 7

Ⅰ.①上… Ⅱ.①蔡… Ⅲ.①上市公司-企业管理-
研究 Ⅳ.①F279.246

中国版本图书馆 CIP 数据核字(2015)第 304250 号

责任编辑 乔 赫

封面设计 郁 悦

上市公司终极产权与利益侵占

出版发行：东方出版中心

地 址：上海市仙霞路 345 号

电 话：62417400

邮政编码：200336

经 销：全国新华书店

印 刷：常熟新骅印刷有限公司

开 本：710×1020 毫米 1/16

字 数：176 千字

印 张：14 插页 2

版 次：2016 年 1 月第 1 版第 1 次印刷

ISBN 978 - 7 - 5473 - 0908 - 7

定 价：49.80 元

东方出版中心邮购部 电话：(021)52069798